广东省铁路建设管理标准化系列丛书

铁路建设工程监督检查实务手册

第一分册 参建单位责任

广东省交通运输厅 组织编写

人民交通出版社股份有限公司
北京

内 容 提 要

《铁路建设工程监督检查实务手册》共6个分册，包括参建单位责任、路基与轨道工程、桥涵工程、隧道工程、房建工程、铁路四电工程。本书为第一分册，主要介绍建设单位首要责任、勘察设计单位、监理单位、施工单位和检测单位主体责任。

本书作为铁路建设工程监督检查实务手册，可供各级铁路建设行政主管部门、监管部门、监督机构和建设管理单位参考使用。

图书在版编目(CIP)数据

铁路建设工程监督检查实务手册. 第一分册,参建单位责任/广东省交通运输厅组织编写. —北京：人民交通出版社股份有限公司,2023.7

ISBN 978-7-114-18790-2

Ⅰ.①铁… Ⅱ.①广… Ⅲ.①铁路工程—工程施工—监督管理—广东—手册 Ⅳ.①U215.1-62

中国国家版本馆 CIP 数据核字(2023)第 084509 号

Tielu Jianshe Gongcheng Jiandu Jiancha Shiwu Shouce
Di-yi Fence　Canjian Danwei Zeren

书　　名：	铁路建设工程监督检查实务手册　第一分册　参建单位责任
著 作 者：	广东省交通运输厅
责任编辑：	朱明周
责任校对：	赵媛媛　魏佳宁
责任印制：	张　凯
出版发行：	人民交通出版社股份有限公司
地　　址：	(100011)北京市朝阳区安定门外外馆斜街3号
网　　址：	http://www.ccpcl.com.cn
销售电话：	(010)59757973
总 经 销：	人民交通出版社股份有限公司发行部
经　　销：	各地新华书店
印　　刷：	北京建宏印刷有限公司
开　　本：	889×1194　1/16
印　　张：	7.25
字　　数：	130 千
版　　次：	2023年7月　第1版
印　　次：	2023年11月　第2次印刷
书　　号：	ISBN 978-7-114-18790-2
定　　价：	52.00元

(有印刷、装订质量问题的图书,由本公司负责调换)

《铁路建设工程监督检查实务手册》

编审委员会

主　任：贾绍明

副主任：梁育辉　　王　新　　陈德柱　　张　强

委　员：许传博　　肖宇松　　张　帆　　符　兵
　　　　顾建华　　刘智成　　黄力平　　余国武
　　　　安春生　　刘明江　　李奎双　　庄碧涛
　　　　姜云楼　　肖秋生　　王爱武　　谭　文
　　　　潘明亮　　张　峰　　陈山平　　郭明泉
　　　　张晓占　　张春武

《铁路建设工程监督检查实务手册》

参与单位

主编单位：中铁大桥勘测设计院集团有限公司

参编单位：广东省铁路建设投资集团有限公司

广州地铁集团有限公司

深圳市地铁集团有限公司

广东省交通建设工程质量检测中心

广东省交通运输工程造价事务中心

中铁武汉勘察设计院有限公司

《铁路建设工程监督检查实务手册 第一分册 参建单位责任》

参与人员

主要起草人员： 张春武　许传博　张　帆　毛李伟
　　　　　　　　刘明江　谈红福　林熠钿　胡天明
　　　　　　　　罗召平　李明汇　李世久　钟长云

主要审查人员： 王　新　肖宇松　符　兵　庄碧涛
　　　　　　　　陆　晖　谭　文　张晓占　黄悦波
　　　　　　　　林耿雄　牛相国　汪全信　林荣伟
　　　　　　　　刘　琦　喻　锐

FOREWORD 序 言

推动铁路高质量发展是新时代新征程铁路工作的主题。高质量发展，离不开高质量的监管。广东省交通运输厅组织中铁大桥勘测设计院集团有限公司、中铁武汉勘察设计院有限公司等编制的《广东省铁路工程监管工作标准化指南》和《铁路建设工程监督检查实务手册》（以下分别简称《指南》和《手册》）是推动铁路建设工程监督工作规范化、正规化的具体举措，是推动铁路建设高质量发展、打造"轨道上的大湾区"、助力交通强省建设的重要体现。

《指南》聚焦基层监管人员监督业务不熟练、检查尺度不统一等难题，从"为什么查、查什么、怎么查、查完怎么办"等角度入手，系统地介绍了监管责任分工、监督服务机构的设置和人员要求，阐述了监管工作的方式方法，全面总结了勘察设计、工程造价、质量安全、建设市场秩序、投诉举报和事故调查等监管活动的工作要求和业务流程。《手册》以坚持问题导向、突出重点为原则，明确了工程质量安全的检查事项、检查环节、检查内容、检查方法、依据条款、问题描述、问题定性和处理，采用清单形式，简单明了，便于检查人员操作。

《指南》和《手册》具有很强的操作性，通过统一监管工作要求，细化工作流程，规范监管行为，明确监管重点事项实施清单，可进一步提升铁路监管效能。

《指南》和《手册》有利于指导和督促各工程参建单位全面落实各方主体责任，保证工程优质安全，有助于建设、设计、监理、施工单位技术与管理人员掌握铁路工程质量安全管理要点，检查、监督、控制工程的质量安全，对从事铁路建设工程监管和建设管理的读者也会有一定的帮助。

谨向广大的铁路建设管理人员推荐本系列丛书。

中国工程院院士

2023 年 6 月

PREFACE 前 言

为进一步规范和加强铁路建设工程监管工作,推进铁路高质量发展,依法履行监管职责,提升监管效能,建设优质安全、绿色高效的现代化铁路,广东省交通运输厅组织中铁大桥勘测设计院集团有限公司、中铁武汉勘察设计院有限公司等编制了《铁路建设工程监督检查实务手册》(以下简称《手册》)。《手册》依据现行铁路建设有关法律法规,充分吸收和总结国家铁路局及其地区监督管理局、广东省铁路建设工程监管工作的经验编制而成。

铁路是国家战略性、先导性、关键性重大基础设施,是国民经济大动脉、重大民生工程和综合交通运输体系骨干,在经济社会发展中的地位和作用至关重要。推动新时代铁路高质量发展,离不开有力有效的监管。《手册》的编制,既是落实中共中央、国务院印发的《质量强国建设纲要》和《国务院办公厅关于深入推进跨部门综合监管的指导意见》(国办发〔2023〕1号)的要求,强化事前事中事后全链条监管,提升监管工作标准化、规范化水平的务实举措,也是督促监管人员落实监管责任、规范监管行为的重要体现。

《手册》分为6个分册,包括《第一分册 参建单位责任》《第二分册 路基与轨道工程》《第三分册 桥涵工程》《第四分册 隧道工程》《第五分册 房建工程》和《第六分册 铁路四电工程》。《手册》具有以下主要特点:一是全面贯彻落实国家及铁路行业现行的法律、法规和标准规范,以推动铁路高质量发展为目标,坚持问题导向、突出重点的原则,确定了铁路建设工程现场安全、工程实体质量检查的事项清单;二是采用清单形式条目化地呈现了铁路各专业重点监管事项的检查环节、检查内容和检查方法,同时一一对应列出了每项检查内容依据的法律条款,问题的描述、突出问题的定性和行政处理建议,便于检查人员操作;三是每册附录列出了铁路建设工程监督检查常用的法律、法规、规章、制度、标准和规范等,并加以编号,在正文中以编号列出,方便查阅,例如A01指附录"A 法律"的部分第01项——《中华人民共和国建筑法》,以此类推。

本书为《手册》的第一分册,主要介绍建设单位首要责任、勘察设计单位、监理单位、施工单位和检测单位主体责任,旨在加强铁路建设工程全方位、全链条监管,进一步提升监管效能,督促参建单位全面落实各方主体责任,保证工程优质安全。

《手册》编撰过程中,参考了大量铁路相关法律、法规、规范、规程、验收标准和参考文献资料,特向原作者个人和单位表示感谢。同时,国家铁路局、广州铁路监督管理局给予的大力支持,在此一并感谢。

《手册》作为铁路建设工程监管工作的依据,供各级铁路建设行政主管部门、监管部门、监督机构和建设管理单位参考使用。使用过程中发现的问题和意见建议,请反馈至广东省交通运输厅地方铁路处(地址:广州市越秀区白云路27号,邮政编码:510101),供今后修订参考。

广东省交通运输厅
2023年6月

CONTENTS 目 录

第一章　建设单位首要责任 ············· 1
一、主要检查内容 ················· 1
二、首要责任清单 ················· 1
三、监督检查事项 ················· 7

第二章　勘察设计单位主体责任 ············ 27
一、主要检查内容 ················· 27
二、主体责任清单 ················· 27
三、监督检查事项 ················· 30

第三章　监理单位主体责任 ············· 45
一、主要检查内容 ················· 45
二、主体责任清单 ················· 45
三、监督检查事项 ················· 49

第四章　施工单位主体责任 ············· 62
一、主要检查内容 ················· 62
二、主体责任清单 ················· 62
三、监督检查事项 ················· 67

第五章　检测单位主体责任 ············· 91
一、主要检查内容 ················· 91
二、主体责任清单 ················· 91
三、监督检查事项 ················· 92

附录　铁路建设工程监督检查常用的法律、法规、规章、制度、标准和规范
··············· 95

第一章
建设单位首要责任

推动铁路高质量发展，首要任务是压实建设单位首要责任和参建企业主体责任。

建设单位承担工程质量首要责任，是指建设单位作为工程建设活动的总牵头单位和建设工程质量第一责任人，依法对工程质量承担全面责任。建设单位应当严格落实项目法人责任制，项目法人和法定代表人对项目建设的质量安全负总责，依法依规组织建设，全面履行管理职责，确保工程质量符合法律法规、工程建设强制性标准和合同约定。

建设单位承担安全首要责任，是指建设单位作为工程建设活动的总牵头人，应当加强对参建各方的履约管理和工程建设全过程安全生产文明施工管理，组织开展现场安全检查，组织制订或督促施工单位制订施工安全生产应急预案，督促各方责任主体做好风险分级管控与隐患排查治理、危险性较大的分部分项工程管理、关键节点安全管控等重点工作。

一、主要检查内容

建设单位首要责任监督检查主要内容包括：招投标及合同管理、体系及制度建设、质量管理、安全管理、环水保管理、验收管理和劳务用工管理。

二、首要责任清单

1. 招投标及合同管理

建设单位应当依法对工程建设项目的勘察、设计、施工、监理以及与工程建设有关的重要设备、材料等的采购进行招标。

建设单位应在招标文件中列出危险性较大的分部分项工程清单，要求施工单位在投标时补充完善危险性较大的分部分项工程清单并明确相应的安全防范措施。

建设单位应依法将工程择优发包给具备相应资质的勘察、设计、咨询、施工、监理、第三方检测等单位。按规定确定中标人并发出中标通知书；中标通知书发出后，无正当理由不能改变中标结果订立合同。同时不得向中标人提出压低报价、增加工作量、缩短工期或其他违背中标人意愿的要求，不能以此作为发出中标通知书和签订合同的附加条件，不能订立背离合同实质性内容的协议;合同的主要条款与招标文件、中标人的投标文件内容须保持一致,不得与承包单位签订"阴阳合同"。

工程项目施工招标文件及施工合同中应当载明工程项目安全管理目标、质量目标、安全生产责任、安全生产条件、安全生产标准等内容。

建设单位不得肢解发包建设工程;不得指定按照合同约定应由施工单位采购的建筑材料、设备、装配式建筑构配件,或者指定生产厂家或供应商。

建设单位应当按规定在工程施工招投标环节积极运用广东省铁路工程从业单位信用评价结果。

2. 体系及制度建设

目前,铁路建设已经构建起了一整套比较完整的规章制度,有建设市场管理、建设主体管理、建设前期工作管理、招投标及合同管理、质量管理、安全管理、工程管理、投资管理、环水保管理、技术创新管理、物资设备管理、竣工验收管理等规章制度。建设单位质量安全体系及制度建设相关规定如下:

(1)建设单位(或其委托的项目管理单位)应具备完善的工程质量安全保证体系,明确工程质量安全分管领导班子成员,设立质量安全专职部门,配置工程质量安全管理人员,建立健全质量安全管理制度,指导建设项目建立质量安全管理制度,并定期对项目质量安全管理机构和人员履职情况进行考核。

(2)建设单位(或其委托的项目管理单位)应组建项目质量安全管理机构,选派项目负责人及工程质量安全专职管理人员,压实建设单位质量安全首要责任。

(3)建设单位(或其委托的项目管理单位)应建立健全全员安全生产责任制和安全生产规章制度,加大对安全生产资金、物资、技术、人员的投入保障力度,改善安全生产条件,加强安全生产标准化、信息化建设,构建安全风险分级管控和隐患排查治理双重预防机制,健全风险防范化解机制,提高安全生产水平,确保安全生产。

(4)建设单位(或其委托的项目管理单位)应建立内部管理、勘察设计管理、招标及合同管理、计划财务管理、工程技术管理、质量安全管理、物资设备管理、验收管理等各项管理制度。

3. 技术管理

(1)建设单位负责项目的征地、拆迁工作,负责审批建设项目中单项工程开工(复工)报告;组织编制工程项目施工组织设计;负责审核施工图设计文件,供应设计文件,组织工程设计现场技术交底;编报工程项目年度建设计划及建设资金预算建议;组织、协调工程建设中出现的问题,负责统计、报告工程进度;按规定办理变更设计。

(2)建设单位对送交审查机构的审查资料真实性负责,并组织设计单位配合做好施工图设计文件审查工作。

（3）建设单位必须向有关的勘察、设计、施工、工程监理等单位提供与建设工程有关的原始资料。原始资料必须真实、准确、齐全。

（4）建设单位在开工前，应当按照国家有关规定办理工程质量监督手续。

（5）按照合同约定，由建设单位采购建筑材料、建筑构配件和设备的，建设单位应当保证建筑材料、建筑构配件和设备符合设计文件和合同要求。建设单位不得明示或者暗示施工单位使用不合格的建筑材料、建筑构配件和设备。

（6）涉及建筑主体和承重结构变动的装修工程，建设单位应当在施工前委托原设计单位或者具有相应资质等级的设计单位提出设计方案；没有设计方案的，不得施工。

（7）建设单位应当严格按照国家有关档案管理的规定，加强基础技术资料管理，及时收集、整理建设项目各环节的文件资料，建立、健全建设项目档案，并在建设工程竣工验收后，及时向建设行政主管部门或者其他有关部门移交建设项目档案。

（8）组织项目所涉及的新技术、新工艺、新材料、新设备的审查论证，未经过鉴定、批准或没有质量验收标准的，不得采用。

4. 质量管理

建设单位应在建设项目指导性施工组织设计中载明项目质量目标和工程质量管理措施，对工程质量进行监督检查并制作、留存检查记录。

建设单位要建立健全产品采购、进场质量验收、检查检测制度，规定必要的检测频次、检查内容、机构人员及考核机制，保证铁路使用的材料、构件、设备符合有关产品质量和建设工程的法律法规和强制性标准，防止不合格或假冒伪劣产品用于铁路建设工程。

建设单位采购供应的材料、构件、设备，其质量应符合国家规定、设计文件要求和合同约定；属于依法实行许可或者认证的，应在取得许可或者认证后方可采购、供应和使用。

建设单位应加强对参建单位执行材料、构件、设备、产品进场质量验收制度执行情况的检查，不得明示或者暗示施工单位使用不合格的材料、构件、设备、产品。

建设单位应加强施工过程质量检查，按规定对检验批、分项、分部工程施工质量验收情况进行检查，组织单位工程施工质量验收。并按规定对参建单位进行信誉评价，及时处理存在的质量问题，对政府部门及其委托机构、上级投资管理部门检查发现的问题组织整改。

建设单位及其工作人员不得明示或者暗示设计单位或者施工单位违反工程建设强制性标准、降低工程质量。

5. 安全管理

建设单位应依法开展工程项目开工前安全生产条件的核查，按规定组织风险评估，推进工程项目安全生产标准化建设，按照合同约定督促参建企业落实安全生产责任。

建设单位应当对建设工程的安全进行监督检查，督促施工单位落实施工合同中约定的安全生产标准和条件。

建设单位应当向施工单位提供施工现场及毗邻区域内供水、排水、供电、供气、供热、通信、广播电视等地下管线资料,气象和水文观测资料,相邻建筑物和构筑物、地下工程的有关资料,并保证资料真实、准确、完整。

建设单位应督促施工单位建立和落实安全风险分级管控与隐患排查治理双重预防机制,重点检查重大风险和较大风险管控措施落实情况,发现问题应及时督促施工单位采取措施消除隐患,检查资料等应形成记录并归档。

建设单位不得对勘察、设计、施工、工程监理等单位提出不符合建设工程安全生产法律、法规和强制性标准规定的要求,不得压缩合同约定的工期。

建设单位在编制工程概算时,应当确定建设工程安全作业环境及安全施工措施所需费用。

建设单位不得明示或者暗示施工单位购买、租赁、使用不符合安全施工要求的安全防护用具、机械设备、施工机具及配件、消防设施和器材。

建设单位在申请领取施工许可证时,应当提供建设工程有关安全施工措施的资料。

依法批准开工报告的建设工程,建设单位应当自开工报告批准之日起 15 日内,将保证安全施工的措施报送建设工程所在地的县级以上地方人民政府建设行政主管部门或者其他有关部门备案。

建设单位应当在拆除工程施工 15 日前,将保证安全施工的措施报送建设工程所在地的县级以上地方人民政府建设行政主管部门或者其他有关部门进行备案。

建设单位应按规定组织或参与对工程质量、人身伤亡和行车安全等事故的调查和处理。

6. 环水保管理

建设生态文明是中华民族永续发展的千年大计。党中央对环境保护工作十分重视,倡导绿色发展理念,反复强调"绿水青山就是金山银山""保护生态环境就是保护生产力",对环境保护、水土保持工作提出了更加严格的要求。

1)环境保护

对依法应当编制环境影响报告书的建设项目,建设单位应当在编制时向可能受影响的公众说明情况,充分征求意见。

建设项目的环境影响报告书、报告表,由建设单位按照国务院的规定报有审批权的生态环境主管部门审批。建设项目的环境影响评价文件未依法经审批部门审查或者审查后未予批准的,建设单位不得开工建设。

建设单位应当按照《中华人民共和国环境影响评价法》分类管理名录的规定,分别组织编制建设项目环境影响报告书、环境影响报告表或者填报环境影响登记表。

建设单位是建设项目竣工环境保护验收的责任主体,应当按照规定的程序和标准,组织对配套建设的环境保护设施进行验收,编制验收报告,公开相关信息,接受社会监督,确保建设项目需要配套建设的环境保护设施与主体工程同时投产或者使用,并对验收内容、结论和所公开信息的真实性、准确性和完整性负责,不得在验收过程中弄虚作假。

建设项目竣工后,建设单位应当如实查验、监测、记载建设项目环境保护设施的建设和调试情况,编制验收监测(调查)报告。

建设单位不具备编制验收监测(调查)报告能力的,可以委托有能力的技术机构编制。建设单位对受委托的技术机构编制的验收监测(调查)报告结论负责。建设单位与受委托的技术机构之间的权利义务关系,以及受委托的技术机构应当承担的责任,可以通过合同形式约定。

验收监测(调查)报告编制完成后,建设单位应当根据验收监测(调查)报告结论,提出验收意见。存在问题的,建设单位应当进行整改,整改完成后方可提出验收意见。

验收意见包括工程建设基本情况、工程变动情况、环境保护设施落实情况、环境保护设施调试效果、工程建设对环境的影响、验收结论和后续要求等内容,验收结论应当明确该建设项目环境保护设施是否验收合格。

建设项目配套建设的环境保护设施经验收合格后,其主体工程方可投入生产或者使用;未经验收或者验收不合格的,不得投入生产或者使用。

验收报告公示期满后5个工作日内,建设单位应当登录全国建设项目竣工环境保护验收信息平台,填报建设项目基本信息、环境保护设施验收情况等相关信息,环境保护主管部门对上述信息予以公开。

建设单位应当将验收报告以及其他档案资料存档备查。

建设单位向生态环境主管部门报批环境影响报告书时,应当附具公众参与说明。

建设单位应当将环境影响报告书编制过程中公众参与的相关原始资料,存档备查。

2)水土保持

水土保持,是指对自然因素和人为活动造成水土流失所采取的预防和治理措施。水土保持工作实行预防为主、保护优先、全面规划、综合治理、因地制宜、突出重点、科学管理、注重效益的方针。

水土保持检查主要包括下列内容:

(1)水土保持工作组织管理情况。

(2)水土保持方案审批(含重大变更)情况、水土保持后续设计情况。

(3)表土剥离、保存和利用情况。

（4）取、弃土（包括渣、石、砂、尾矿等）场选址及防护情况。

（5）水土保持措施落实情况。

（6）水土保持监测、监理情况。

（7）水土保持补偿费缴纳情况。

7. 验收管理

建设单位收到建设工程竣工报告后，应当组织设计、施工、工程监理等有关单位进行竣工验收。建设工程经验收合格后，方可交付使用。

建设单位接到竣工验收申请后，应按规定组织竣工验收，并在竣工验收5日前通知铁路监管部门；竣工验收合格之日起15日内，应将铁路建设工程竣工验收报告、公安消防、环保等部门出具的认可文件或者准许使用文件送相关部门备案。

铁路建设工程竣工，应当按照国家有关规定组织验收，并由铁路运输企业进行运营安全评估。经验收、评估合格，符合运营安全要求的，方可投入运营。

环境保护验收监测报告（表），由建设单位委托经环境保护行政主管部门批准、有相应资质的环境监测站或环境放射性监测站编制。

环境保护验收调查报告（表），由建设单位委托经环境保护行政主管部门批准、有相应资质的环境监测站或环境放射性监测站，或者具有相应资质的环境影响评价单位编制。承担该建设项目环境影响评价工作的单位不得同时承担该建设项目环境保护验收调查报告（表）的编制工作。

1）静态验收监督重点内容

（1）验收组织

主要包括验收机构及人员组成，验收申请及验收方案情况等。

（2）验收条件

主要包括验收机构是否对验收条件进行核查确认，并同意进行验收。必要时可对以下情况进行抽查：主体工程及其配套工程、辅助工程按设计文件建成情况；环境保护设施、水土保持设施以及劳动、安全、卫生及消防设施与主体工程同步建成情况；建设单位组织完成单位工程施工质量验收情况；精测网复测资料情况，复测成果移交（高速铁路）情况；竣工文件编制情况。

（3）验收过程

包括建设单位审查验收情况、专业验收组的验收和复查情况、专业间接口验收情况以及历次质量监督检查发现问题整改情况、本阶段验收发现问题整改情况等。

（4）验收结论

包括静态验收报告内容是否完整、结论是否明确、签字是否完整有效等。

2) 动态验收监督重点内容

(1) 验收组织

包括验收组织机构及人员组成情况等。

(2) 验收条件

主要包括验收机构是否对验收条件进行核查确认,并同意进行验收。必要时可对以下情况进行抽查:静态验收存在的问题整改及验收结论情况;工机具、常备材料、交通工具已按设计文件配备到位情况;联调联试、动态检测和运行试验大纲批准情况。

(3) 验收过程

包括动态验收期间行车和施工作业管理规则制订和执行情况,联调联试、动态检测等过程中发现问题的整改和复查情况等。

(4) 验收结论

包括动态验收报告内容是否完整、结论是否明确、签字是否完整有效等。

3) 验收监督重点内容

(1) 验收组织

包括初步验收机构及人员组成情况,验收申请及验收方案情况等。

(2) 验收条件

主要包括验收机构是否对验收条件进行核查确认,并同意进行验收。必要时可对以下情况进行抽查:静态、动态验收结论情况;环境保护设施、水土保持设施按照有关规定完成验收或相关部门检查评估通过情况;劳动、安全、卫生及消防设施按照有关规定完成验收或相关部门检查评估通过情况;辅助工程(含公路立交桥)按规定移交完毕情况;安全保护区划定工作情况,安全保护区内临时设施清理和土地复垦工作完成情况;竣工文件按规定编制完成、达到档案验收标准情况。

(3) 验收过程

包括初步验收委员会组织资料检查和现场确认情况,发现的影响运营安全问题解决的情况等。

(4) 验收结论

包括初步验收报告内容是否完整、结论是否明确、签字是否完整有效等。

三、监督检查事项

建设单位首要责任监督检查项点主要有检查环节、检查内容和方法、检查依据、常见问题或情形、定性、处理依据和处理措施,具体内容详见表1-1～表1-8。

表 1-1

招投标及合同管理监督检查事项

序号	检查环节	检查内容和方法	检查依据	常见问题或情形	定性	处理依据	处理措施
1	建设市场秩序～发包	1. 查相关单位的资质证书； 2. 查承包合同，确认实际承担业务范围； 3. 查中标通知书； 4. 查合同和招标相关资料	B02 第七条， E18 第六条	实际承担任务超过资质证书规定的承担业务范围	将建设工程发包给不具有相应资质等级的勘察、设计、施工、监理单位	C02 第十三条， B02 第五十四条， E18 第十五条	责令改正，处50万元以上100万元以下罚款
				将建设工程肢解发包	违规发包	B02 第五十五条， E18 第十五条	责令改正，工程合同价0.5%～1%的罚款
2	工程招标	1. 查招标备案材料； 2. 查采用不招标方式的批复文件	B02 第八条	未依法对工程建设项目的勘察、设计、施工、监理以及与工程建设有关的重要设备、材料等的采购进行招标	依法必须进行招标的项目不招标，或化整为零或者以其他任何方式规避招标	A02 第四十九条	责令改正，处工程合同价款0.5%～1%的罚款
			A02 第六十六条	采用不招标方式的项目不符合国家有关规定；或无相关批复文件		—	—
3	自行招标	查自行招标的招标人专业人员，招标人员是否达到要求	E26 第十条	招标人不具有与招标项目规模和复杂程度相适度的经济、工程技术、概预算、财务和管理等方面的专业人员，以及不具有3名以上同类项目招标经历的人员	—	—	责令改正

续上表

序号	检查环节	检查内容和方法	检查依据	常见问题或情形	定性	处理依据	处理措施
4	招标条件	1. 查招标人成立文件； 2. 查审批、核准文件； 3. 查资金落实情况	E26 第十一条	1. 招标人未依法成立； 2. 未取得审批、核准文件； 3. 资金或资金来源未落实	—	E26 第三十一条	责令改正，处1万~3万元罚款
5	招标公告、资格预审公告	查招标公告、资格预审公告发布情况	E26 第十二条	招标公告、资格预审公告未在国家或省指定的媒介上发布	—	—	责令改正
6	招标人不得有的情形	查招标流程合规性	E26 第十七条	1. 招标人或接受投标人的利害关系人泄露获取资格预审申请文件或者资格预审文件的潜在投标人的名称、数量或者资格预审申请或投标的申请人或者投标人的名称、数量或资格审查和评标等情况； 2. 招标人直接或者间接向投标人或者投标人以外的其他投标人的名称、数量、评标情况； 3. 招标人以胁迫、劝退、利诱等方式，使特定投标人放弃投标或者中标人放弃中标； 4. 存在法律、行政法规规定的其他禁止情形	—	A02 第五十二条 B04 第六十七条 E26 第三十二条	责令改正

续上表

序号	检查环节	检查内容和方法	检查依据	常见问题或情形	定性	处理依据	处理措施
7	评标方法	查评标过程	E26 第二十一条	1. 采用经评审的最低投标价法的,未提出必要的评标价格调整方法,以投标报价作为单一决定因素; 2. 采取抽签、摇号等随机方式进行资格预审、评标评审或者确定中标人	—	E26 第三十二条	责令改正,处1万~3万元罚款
8	定标和签订合同	1. 查中标通知书; 2. 查中标结果通知书	A02 第四十一条, B04 第五十五条, B04 第五十六条, A02 第四十五条	1. 无正当理由不发出中标通知书; 2. 国有资金占控股或者主导地位的项目,招标人未按照规定确定中标人; 3. 招标人中标通知书发出后,招标人违规改变中标结果	无正当理由不发出中标通知书;中标通知书发出后无正当理由改变中标结果	B04 第七十三条	责令改正,可以处中标项目金额10‰以下的罚款;给他人造成损失的,依法承担赔偿责任

续上表

序号	检查环节	检查内容和方法	检查依据	常见问题或情形	定性	处理依据	处理措施
9	合同订立	1. 查中标通知书；2. 查合同；3. 查招标文件；4. 查投标文件	A02 第四十六条，B04 第五十七条，B04 第五十八条，C08 第五十九条	1. 无正当理由不与中标人订立合同；2. 在订立合同时向中标人提出压低报价、缩短工期或其他违背中标人的投标文件的要求，以此作为发出中标通知书和签订合同的附加条件	未依法进行招标	B04 第七十四条	责令改正，可以处中标项目金额10‰以下的罚款
					不按照招标文件的投标文件订立合同；订立背离合同实质性内容的协议；合同的主要条款与招标文件、中标人的投标文件的内容不一致	B04 第七十五条	责令改正，可以处中标项目金额5‰以上、10‰以下的罚款
10	建设市场秩序（合同履约）	1. 查工程合同；2. 查材料供应合同；3. 查设计和监理合同	A03	未履行建设工程合同义务	未履行建设工程合同义务	—	责令改正
11	委托监理	1. 查监理合同；2. 查监理单位资质	B02 第十二条	没有委托监理；监理单位实际承担任务超过资质证书规定的承担任务范围	建设项目必须实行工程监理而未实行工程监理	B02 第五十六条	责令改正，处20万～50万元罚款
					将建设工程发包给不具有相应资质等级的工程监理单位	B02 第五十四条	责令改正，处50万～100万元罚款
12	委托地勘监理	1. 查工程地质勘察监理合同；2. 查监理单位资质	B05 第十一条	1. 没有地质勘察监理合同，监理单位资质不符合规定；2. 未实行工程地质勘察监理	未对高速铁路和地质构造复杂的铁路建设工程实行工程地质勘察监理	C02 第十四条	责令改正，处10万～50万元罚款

体系及制度建设监督检查事项

表 1-2

序号	检查环节	检查内容和方法	检查依据	常见问题或情形	定性	处理依据	处理措施
1	质量管理体系	1. 查建立落实情况； 2. 查体系文件编制、审批及执行情况	C01 第八条	1. 无质量管理体系或体系制度不健全； 2. 体系文件未经审查或颁布； 3. 组织机构混乱，人员不到位，岗位职责不清； 4. 未按照体系文件执行	质量管理体系不完善	—	责令改正
2	安全管理体系	查物资管理制度	E02 第六条	1. 未建立健全产品采购，进场质量验收，检查检测制度； 2. 制度中未规定必要的检测频次、检查内容、机构人员及考核机制	质量管理体系不完善	—	责令改正
		1. 查安全管理体系的建立和落实情况； 2. 查体系文件编制、审批，安全管理机构、制度建设，人员配备及执行情况	A04 第二十条、第二十一条 D01 第1.03条、第1.05条	未建立安全管理机构；无或缺相关安全管理制度；无安全管理目标；专职安全管理人员配置不足，无检查记录；未建立事故隐患排查治理制度	未建立专门安全管理制度；未建立事故隐患排查治理制度	A04 第一百零一条	责令改正，可以处10万元以下的罚款；逾期未改正的，责令停产停业整顿，并处10万元以上20万元以下的罚款

技术管理监督检查事项

表1-3

序号	检查环节	检查内容和方法	检查依据	常见问题或情形	定性	处理依据	处理措施
1	基本建设程序	1.查项目开工报告批准文件； 2.查设计文件和开工情况	B02 第十三条	没有开工报告,手续不符合规定开工的	未取得开工报告,建设单位要求开工	B02 第五十七条 C01 第五十九条	责令停止施工,限期改正,处工程合同价款1%~2%的罚款
			B02 第五条, C01 第四条	要求未勘察先设计或未设计先施工	明示设计、施工单位违反基本建设程序	C01 第五十八条	责令改正,视情节处以罚款
2	工期压缩	1.查项目可研批复； 2.查合同工期,批准的开工报告； 3.查指导施工组织设计； 4.查工期调整的文件	B02 第十条, C01 第九条	未经论证批准缩短工期	违规要压缩建设工期	B02 第五十六条	责令改正,处20万~50万元罚款
3	明示或暗示违反工程建设强制性标准	1.查降低工程质量情况； 2.查工程建设强制性标准有关文件、会议纪要等资料； 3.查质量问题相关资料	B02 第十条, C01 第十五条	通过文件、电话通知、会议形式要求违反强制性标准	明示或暗示施工单位违反强制性标准,降低工程质量	B02 第五十六条	责令改正,处20万~50万元罚款
				对检查发现的违反强制性标准的行为不制止、不处理			
				针对同类质量问题反复出现或大面积出现,不采取措施			

续上表

序号	检查环节	检查内容和方法	检查依据	常见问题或情形	定性	处理依据	处理措施
4	施工图审核	1. 查设计文件签署盖章； 2. 查施工图审核意见及意见回复； 3. 查现场使用的图纸	B02 第十一条 C11 第四十四条、 C11 第四十七条	没有相关审查材料，未经批准就使用 未经审核或者审核不合格	施工图设计文件未经审查审批 未按规定审核施工图	B02 第五十六条 C11 第六十二条	责令改正，处20万元以上50万元以下的罚款 责令改正，对建设管理单位和直接责任人给予警告
5	设计文件审查	1. 查设计文件的图签； 2. 查变更设计文件的审批单	C11 第四十五条	未进行勘察设计文件审查	建设单位首要责任不到位	C11 第六十二条	责令改正，对建设管理单位和直接责任人给予警告
6	质量监督手续办理	1. 查质量监督书； 2. 查监督审查意见	B02 第十三条、 C01 第十二条， C15	1. 没有办理质量监督手续，监督手续办理时间晚于开工时间，手续不符合规定； 2. 未提交施工项目总承包单位或项目标段合同承建单位参加农民工工伤保险的证明	未按照国家规定办理工程质量监督手续	B02 第五十六条	责令改正，处20万元~50万元罚款
7	四新应用检查	1. 查检测报告或审定意见； 2. 查检查记录	C01 第十四条	未对建设应用的新技术、新工艺、新材料、新设备进行检查	建设单位首要责任不到位	—	责令改正

第一章 ◇ 建设单位首要责任

续上表

序号	检查环节	检查内容和方法	检查依据	常见问题或情形	定性	处理依据	处理措施
8	建设相关资料、内外部环境提供情况	1. 查工程受阻情况、现场询问； 2. 查提供材料清单	B02 第九条	未向有关的设计、勘察、施工、工程监理等单位提供建设工程有关的原始资料；所提供的原始资料不真实、不准确，不齐全	未履行建设单位职责	—	责令改正
9	档案管理	查档案管理制度、移交资料清单及手续	C11 第三十三条	1. 未按照勘察合同约定提供勘察工作的外部环境条件； 2. 未对勘察工作进行监督、检查	未履行建设单位职责	—	责令改正
			B02 第十七条 C01 第十八条	未办理移交手续	未按规定移交建设项目档案	B02 第五十九条	责令改正，处1万~10万元罚款
10	勘察管理	1. 查现场工作条件； 2. 查工程勘察前有关的原始资料； 3. 查组织勘察技术交底情况； 4. 查组织地质验槽情况	C11 第三十三条	1. 未及时收集整理建设各环节文件资料； 2. 未建档或档案资料不全	—	—	责令改正
				1. 未提供必要的现场工作条件； 2. 提供的与工程勘察有关的原始资料不真实、不可靠	未给工程地质勘察创造良好的工作环境	C13 第二十二条	责令改正，处1万~3万元罚款
			C13 第五条	未组织勘察技术交底、验槽	未对工程地质勘察按要求进行协调管理	C13 第二十二条	责令改正，处1万~3万元罚款

续上表

序号	检查环节	检查内容和方法	检查依据	常见问题或情形	定性	处理依据	处理措施
11	勘察成果质量	查勘察监理（咨询）制度和成果	C01 第十条, C11 第三十一条	1. 未委托具有相应资质的工程勘察单位进行监理；2. 未依照批准的勘察大纲对勘察进行监理（或咨询）；3. 未组织对勘察资料和勘察成果进行验收；4. 未对实际完成的勘察工作量进行审核；5. 勘察监理工作与勘察工作未同时进行	未按规范审查勘察大纲；未按规定委托工程勘察监理或咨询；未规范验收勘察资料，管理不到位致使勘察设计工作达不到规定深度	C11 第六十二条	责令改正，对单位和直接责任人给予警告

质量管理监督检查事项

表1-4

序号	检查环节	检查内容和方法	检查依据	常见问题或情形	定性	处理依据	处理措施
1	甲供物资管理	1. 查检查记录及甲供物资清单；2. 查建设单位保证申供物资质量的措施；3. 查甲供物资交接手续	B02 第十四条, C01 第十三条, E02 第七条、第八条	没有检查记录，未对全部种类进行检查，没有保证措施	未能保证建筑材料、建筑构配件和设备符合设计文件和合同要求	E02 第二十条	责令改正，记录不良行为，依法实施行政处罚
				建设单位将不合格甲供物资移交施工单位	明示或暗示施工单位使用不合格的建筑材料、建筑构配件和设备	C02 第十六条	责令改正，处20万～50万元罚款

第一章 ◇ 建设单位首要责任

续上表

序号	检查环节	检查内容和方法	检查依据	常见问题或情形	定性	处理依据	处理措施
2	其他物资管理	查对重要的非甲供物资的检查记录和相关文件资料	B02 第十四条,E02 第八条	没有检查记录	未对建设工程检查、制作监督质量安全记录留存备查	—	责令改正
				通过文件、电话通知、会议形式要求使用不合格产品	明示施工单位使用不合格的建筑材料、建筑构配件和设备	C02 第十六条	责令改正,处20万~50万元罚款
				针对同类质量问题大面积出现或反复出现,不采取措施	暗示施工单位使用不合格的建筑材料、建筑构配件和设备		
3	质量过程检查	查验收程序是否合规,验收资料是否齐全	C01 第十五条,C01 第十六条	无检查记录,无单位工程验收;竣工验收相关时间节点不符合规定	未按规定对检验批、分部分项、组织单位工程施工质量验收,没有组织验收或工程竣工验收未及时通知铁路监管部门,相关文件上报时间滞后	C01 第六十一条,B02 第五十六条	责令改正,报送备案逾期30日(含)以内的,处20万元以下罚款;超过30日的,处30万元以上50万元以下罚款
4	变更设计管理	1. 查变更执行情况; 2. 查变更设计文件编制、审核情况; 3. 查变更设计手续; 4. 核对现场实施情况	C01 第十条	未组织变更设计文件的审查;未按规定处理变更设计	未执行基本建设程序	B02 第五十六条,C11 第六十二条	责令改正,处20万元以上50万元以下罚款

表 1-5

安全管理监督检查事项

序号	检查环节	检查内容和方法	检查依据	常见问题或情形	定性	处理依据	处理措施
1	安全施工措施费	1. 查阅概算、合同； 2. 查安全费用拨付单	B01 第八条， B05 第十二条	1. 概算中无安全措施费,没有按规定拨付； 2. 安全设施投资未纳入建设项目概算	未提供建设工程安全生产作业环境及安全施工措施所需费用	B01 第五十四条	限期改正；逾期未改正的,责令该建设工程停止施工
2	安全资源配置要求	1. 查合同、安全生产协议等； 2. 查工程建设强制性标准有关文件、会议纪要等资料	B01 第九条	明示或者暗示施工单位购买、租赁、使用不符合安全施工要求的安全防护用具、机械设备、施工机具及配件、消防设施和器材	提出不符合安全生产法律、法规和强制性标准规定的要求	B01 第五十五条	责令限期改正,处 20 万元以上 50 万元以下的罚款；造成重大安全事故,构成犯罪的,对直接责任人员,依照刑法有关规定追究刑事责任；造成损失的,依法承担赔偿责任
			B01 第七条	文件、会议纪要明示或暗示现场指示取消或减弱安全措施	对勘察、设计、施工、工程监理等单位提出不符合安全生产法律、法规和强制性标准规定的要求		

续上表

序号	检查环节	检查内容和方法	检查依据	常见问题或情形	定性	处理依据	处理措施
3	安全措施	查开工报告审批,保证安全施工的措施备案相关资料	B01 第十条	未将保证安全施工的措施备案	未按期将保证安全施工的措施或拆除工程的有关资料报送有关部门备案	B01 第五十四条	责令限期改正,给予警告
4	安全检查	查建设单位监督检查安全生产情况、安全隐患及应急措施	B01 第十条, B05 第十条, D01 第1.0.14条	未检查,检查无记录或记录不全	监督检查制度未执行	—	责令改正
5	安全施工资料	查提供的施工现场区域地下管线资料、气象、水文资料、邻近工程资料	B01 第六条	未提供施工现场区域地下管线资料、气象、水文资料、邻近工程资料	未切实履行提供资料的职责	—	责令改正
6	安全"三同时"	1.查安全设施设计文件; 2.查安全设施验收资料	A04 第三十一条, B05 第十二条	安全设施未与主体工程同时设计、同时施工、同时投入生产和使用	安全设施未及时设计、施工、使用	—	责令改正
7	专项施工方案审批	查专项施工方案审批手续	D01 第3.1.2条	未按规定对施工组织设计、专项施工方案进行审批	未按规定对施工组织设计、专项施工方案进行审批	—	责令改正
8	安全教育培训	查培训计划、培训内容、考核和记录	D01 第3.2.1条, 第3.5.1条	未按规定组织安全教育培训	未按规定组织安全教育培训	—	责令改正

续上表

序号	检查环节	检查内容和方法	检查依据	常见问题或情形	定性	处理依据	处理措施
9	营业线施工管理	查营业线安全施工方案，检查其编制、审批、执行等相关资料	B05 第十六条	1. 建设单位没有会同相关铁路运输企业和设计、施工单位编制方案； 2. 方案不符合规定	不执行铁路营业线施工安全管理规定，影响铁路运营安全	B05 第八十四条	责令改正，处10万~50万元的罚款
10	风险管理	1. 查风险管理沟通机制、风险评估、风险监测和响应、管理计划、管理成果审查； 2. 查组织开展情况	D04 第3.4.2条、第3.4.3条	1. 未制订风险管理办法和计划，无风险管理检查记录； 2. 未组织开展风险管理； 3. 未组织对勘察设计单位进行风险技术交底； 4. 未审查风险管理成果； 5. 未组织开展风险后期评估工作	风险管理不到位	—	责令改正
11	应急预案	1. 查应急预案的编制； 2. 查参建各方应急预案审批情况	D01 第3.2.1条	1. 未编制应急预案或已编制的应急预案与项目风险特点不符，内容不全； 2. 未组织审查各方应急预案	施工安全管理不到位	—	责令改正

环水保管理监督检查事项

表1-6

序号	检查环节	检查内容和方法	检查依据	常见问题或情形	定性	处理依据	处理措施
1	生态保护	自然资源和生态环境保护	《宪法》第九条、第二十六条	破坏生态环境，猎捕野生动物	侵占或破坏自然资源	《刑法》第三百四十一条、第三百四十二条	责令改正，处5年以下有期徒刑或者拘役，并处或者单处罚金
		查环境影响评价文件	A07 第十九条、A08 第二十五条	编制规划前或开工建设前未进行环境影响评价	编制规划前或开工建设前未进行环境影响评价	A07 第六十一条、第六十三条	责令停止建设，处以罚款，并可以责令恢复原状
		查防治污染设施设置	A07 第四十二条	设施设置不及时闲置，未实际使用	防治污染设施没有达到与主体工程同时设计、同时施工、同时投产使用的要求	A07 第十九条、第六十三条	责令改正；拒不改正的，依法作出处罚决定的行政机关可以自责令改正之日的次日起，按照原处罚数额按日连续处罚
2	环境保护	查排放污染物措施、制度	A07 第四十二条	1. 建设过程中的废水、废气、废渣等污染物处理措施不完善；2. 相关监测设备和处理措施不正常运行	排放污染物制度不完善	A07 第五十九条、第六十三条	责令改正；拒不改正的，依法作出处罚决定的行政机关可以自责令改正之日的次日起，按照原处罚数额按日连续处罚
		查环境影响报告书	A07 第五十六条	1. 未编制环境影响报告书；2. 环境影响报告书未充分征求公众意见	环境影响报告书公开意见程序不完备	A07 第五十六条	责成征求公众意见

续上表

序号	检查环节	检查内容和方法	检查依据	常见问题或情形	定性	处理依据	处理措施
3	环境影响评价	查建设项目环境保护分类	A08 第十六条, B08 第七条	环境影响评价文件与项目对环境的影响程度未对应,评价内容未达到相关要求	环境影响评价文件不符合分类规定	—	责令改正
		查环境影响报告书内容	A08 第十七条, B08 第八条	缺少规定的必要内容,相关内容基础资料不实	编制内容不齐全、不真实	A08 第三十二条	处50万元以上200万元以下的罚款,并对建设单位的法定代表人、主要负责人、直接负责的主管人员和其他直接责任人员,处5万元以上20万元以下的罚款
		查环境影响评价文件变更	A08 第二十四条, B08 第十二条	1.建设项目发生重大变动,未重新报批环境影响评价文件; 2.批准之日5年后动工的项目未重新报批; 3.项目建设、运行过程中产生不符合经审批的环境影响评价文件的情形,未组织后评价	未按规定进行重新报批和后评价	A08 第三十一条	责令停止建设,根据违法情节和危害后果,处总投资额1%以上5%以下的罚款,并可以责令恢复原状

续上表

序号	检查环节	检查内容和方法	检查依据	常见问题或情形	定性	处理依据	处理措施
4	生态环保投资	查初步设计中环境保护篇	B08 第十六条	初步设计中未编制环境保护篇，未落实防治措施和投资概算	初步设计编制不完善，缺少环境保护内容	B08 第二十二条	责令限期改正，处5万元以上20万元以下的罚款
5	环境保护验收	查环境保护设施验收	B08 第十七条	1. 没有环保设施的验收报告，验收过程弄虚作假；2. 未公开验收报告	未按照规定和标准进行环保设施验收	B08 第二十三条	责令限期改正，处20万元以上100万元以下的罚款
6	废气排放标准	查废气排放标准	A09 第十三条	燃煤、石油焦、生物质燃料、涂料、烟花爆竹以及锅炉等产品的质量标准未明确挥发性有机物的要求，燃油质量标准不符合国家大气污染物控制要求	废气排放标准不满足相关法律要求	—	责令改正
7	防治扬尘污染	查防治扬尘污染费用	A09 第六十九条	1. 未在工程造价中列入防治扬尘污染的费用；2. 未明确施工单位扬尘污染防治责任	防治扬尘污染制度不健全	—	责令改正
8	环境风险应急预案	查环境风险应急预案	B09	未制订环境风险应急预案	未制订环境风险应急预案	—	责令改正

表 1-7

验收管理监督检查事项

序号	检查环节	检查内容和方法	检查依据	常见问题或情形	定性	处理依据	处理措施
1	验收使用	1. 查竣工验收条件； 2. 查验收程序	B02 第十六条 B05 第十五条 C10 第七十一条	对不合格的建设工程按照合格工程验收	未组织竣工验收或验收不合格,擅自交付使用	C10 第七十四条 C02 第十八条	责令改正；情节严重的，降低资质等级；对直接责任人员依法给予行政处罚；构成犯罪的，依法追究刑事责任
				未组织竣工验收,擅自交付使用			
				验收不合格,擅自交付使用			
		查验收程序是否合规,验收资料是否齐全	C01 第十五条 C01 第十六条	无检查记录,无单位工程验收记录；竣工验收相关时间点不符合规定	1. 未按规定对检验批、分部分项工程验收进行检查,没有组织单位工程施工质量验收； 2. 竣工验收未及时通知铁路监管部门,相关文件上报时间滞后	C01 第六十一条 B02 第五十六条	责令改正，报送备案逾期30天（含）以内的,处20万元以下罚款；超过30天的,处30万元以上50万元以下罚款
2	验收程序合规性	查建设单位验收意见	C14 第七条	验收意见不完整,没有验收意见或存在弄虚作假	验收意见不满足验收条件	—	责令改正

续上表

序号	检查环节	检查内容和方法	检查依据	常见问题或情形	定性	处理依据	处理措施
3	环保验收	查建设项目竣工环境保护验收	C14 第三条	未按照相关法律、法规、规章、标准和规范性文件等进行验收，缺少环境影响报告书及审批部门审批决定	验收依据不充分	—	责令改正
			C14 第五条	环境保护设施建设和调试不到位，单位不具备编制验收监测（调查）报告能力	验收监测（调查）报告不符合相关规定	—	责令改正
4	验收报告公示	查验收报告公示	C14 第十三条	1. 登录全国建设项目环境保护验收信息平台填报信息时间通过公示期满后5个工作日；2. 未填报相关信息。	未及时填报建设项目基本信息，环境保护设施验收情况等相关信息	—	责令改正

劳务用工管理监督检查事项

表1-8

序号	检查环节	检查内容和方法	检查依据	常见问题或情形	定性	处理依据	处理措施
1	工程款拨付	1. 查项目审批、概算；2. 查资金安排	B07 第二十三条	未经批准立项建设，擅自扩大建设规模，擅自增加投资概算，未及时拨付工程款等导致拖欠农民工工资	未按照建设程序执行	B07 第六十条	依法承担责任外，由人力资源社会保障部门、其他有关部门按照职责约谈该建设单位负责人，并作为其业绩考核、薪酬分配、评优评先、职务晋升等的重要依据

续上表

序号	检查环节	检查内容和方法	检查依据	常见问题或情形	定性	处理依据	处理措施
2	工程款支付担保	1. 查凭据； 2. 查工程施工合同	B07 第二十四条	未依法提供工程款支付担保；合同中未约定工程款计量、结算办法	合同履约不到位，主体责任未落实	B07 第五十七条	责令限期改正；逾期不改正的，责令项目停工，并处5万元以上10万元以下的罚款
3	人工费用拨付	1. 查拨付记录； 2. 查监督记录； 3. 查工资支付协调机制和工资拖欠预防机制	B07 第二十九条	未按约定及时足额向农民工工资专用账户拨付工程款中的人工费用	合同履约不到位，主体责任未落实	B07 第五十七条	责令限期改正；逾期不改正的，责令项目停工，并处5万元以上10万元以下的罚款
				拒不提供或者无法提供工程施工合同、农民工工资专用账户有关资料			
				未建立保障农民工资支付协调机制和工资拖欠预防机制	主体责任未落实	—	责令改正
				未加强对施工总承包单位按时足额支付农民工工资的监督			

第二章
勘察设计单位主体责任

勘察设计是工程建设的源头和灵魂,落实广东省铁路工程施工管理标准化,推进铁路高质量发展,离不开高质量的设计。本章主要介绍勘察设计单位主体责任的主要检查内容、主体责任清单和监督检查事项。

一、主要检查内容

勘察设计单位主体责任监督检查重点事项包括资质资格、勘察管理、设计管理、配合施工现场管理、环水保管理及验收管理。

二、主体责任清单

1. 资质资格

勘察设计单位应严格按照本单位核定的工程勘察资质、工程设计资质等级和业务范围开展勘察、设计业务,不越级和超范围勘察、设计或以其他工程勘察、设计单位的名义承揽设计业务,依法签订工程设计业务合同,不转包或违法分包所承揽的设计业务。自觉执行国家规定的工程设计收费标准,不恶性压价竞争。

2. 勘察管理

工程勘察企业法定代表人应当建立健全并落实本单位质量管理制度,授权具备相应资格的人员担任项目负责人。工程勘察企业项目负责人应当签署质量终身责任承诺书,执行勘察纲要和工程建设强制性标准,落实本单位勘察质量管理制度,制订项目质量保证措施,组织开展工程勘察各项工作。

勘察单位应加强管理,科学合理地编制勘察大纲,严格按操作规程和勘测细则作业,加强过程管理,接受工程勘察监理(或咨询)的检查,保证勘察工作达到规定的深度,勘察成果真实、准确,满足设计要求。

工程勘察企业的法定代表人、项目负责人、审核人、审定人等相关人员,应当在勘察文件上签字或者盖章,并对勘察质量负责。工程勘察企业法定代表人对本企业勘察质量全面负责;项目负责人对项目的勘察文件负主要质量责任;项目审核人、审定人对其审核、审定项目的勘察文件负审核、审定的质量责任。

在勘察过程中应当及时整理、核对工程勘察工作的原始记录,确保取样、记录的真实和准确,禁止弄虚作假。钻探、取样、原位测试、室内试验等主要过程的影像资料应当留存备查。

工程勘察企业应当确保仪器、设备完好。钻探、取样的机具设备、原位测试、室内试验及测量仪器等应当符合有关规范、规程的要求。

工程勘察企业应当加强职工技术培训和职业道德教育,提高勘察人员的质量责任意识。观测员、试验员、记录员、机长等现场作业人员应在接受专业培训后方可上岗。

工程勘察企业应当建立工程勘察档案管理制度。工程勘察企业应当在勘察报告提交建设单位后20日内将工程勘察文件和勘探、试验、测试原始记录及成果、质量安全管理记录归档保存。归档资料应当经项目负责人签字确认,保存期限应当不少于工程的设计使用年限。

3. 设计管理

设计单位必须按照工程建设强制性标准进行设计,并对其设计的质量负责。

铁路建设工程的安全设施应当与主体工程同时设计、同时施工、同时投入使用。安全设施投资应当纳入建设项目概算。

设计单位应当按照法律、法规和工程建设强制性标准进行设计,防止因设计不合理导致生产安全事故的发生。

设计单位应当考虑施工安全操作和防护的需要,在设计文件中注明涉及施工安全的重点部位和环节,并对防范生产安全事故提出指导意见。

采用新结构、新材料、新工艺的建设工程和特殊结构的建设工程,设计单位应当在设计中提出保障施工作业人员安全和预防生产安全事故的措施建议。

设计单位和注册建筑师等注册执业人员应当对其设计负责。

设计单位在设计文件中选用的建筑材料、建筑构配件和设备,应当注明规格、型号、性能等技术指标,其质量要求必须符合国家规定的标准。除有特殊要求的建筑材料、专用设备、工艺生产线等外,设计单位不得指定生产厂家和供应商。

4. 现场管理

设计单位应按照合同、供图协议按时交付施工图。协助建设单位落实外部协议签订,协助征地拆迁、管线迁改、交叉跨越等外部协调工作;进行施工图技术交底、交接测量控制桩;做好现场地质核对确认工作;根据现场变化及时完成勘察设计工作;维护管理测量控制网,指导施工单位测设施工控制网。过程控制重要环节有落实勘察大纲、设计原则,执行审查意见,参加指导性施工组织设计编制和调整,参与重大施工技术方案研究,提出优化建议,优化施工图设计,按照设计配合工作细则进行现场设计配合。具体如下:

(1)勘察单位应当按照法律、法规和工程建设强制性标准进行勘察,提供的勘察文件应当真实、准确,满足建设工程安全生产的需要。

(2)勘察单位在勘察作业时,应当严格执行操作规程,采取措施保证各类管线、设施和周边建筑物、构筑物的安全。

(3)勘察、设计单位应按照国家和行业有关规程、规范和标准进行勘察、设计,建立健全质量管理体系,制订质量管理制度,明确和落实勘察、设计质量责任,加强质量管理。

(4)勘察成果必须真实、准确,工程设计应根据勘察成果进行,勘察设计应当达到规定的内容及深度要求,设计文件应注明工程的合理使用年限。

(5)设置现场配合机构,配备相应人员。

(6)及时、清晰地向施工单位、监理单位说明建设工程勘察、设计意图,揭示建设工程勘察、设计文件;向业主或建设管理单位说明设计意图;重点、特殊、高风险工程应有现场交底,新材料、新工艺、新设备应有专项交底。

(7)对建设管理、咨询、监理单位提出的相关问题进行研究处理。

(8)变更设计中严禁弄虚作假或与其他单位相互串通弄虚作假;对施工中出现的设计问题,及时进行完善优化设计和进行变更;严格按变更设计管理办法执行变更设计。

(9)新技术须经过专家论证,新材料应按相关规定取得检测机构出具的检测报告。

(10)风险管理工作应包括制订设计阶段风险管理实施细则,确定风险控制措施和风险防范注意事项,向建设各方进行有关风险的技术交底,动态调整风险评估报告或成果文件,参与风险后期评估工作。

5.环水保管理

(1)建设项目的初步设计应当按照环境保护设计规范的要求,编制环境保护篇章,落实防治环境污染和生态破坏的措施以及环境保护设施投资概算。在施工设计文件中体现防治环境污染和生态破坏的措施、内容。

(2)设计文件应考虑生态退化、滑坡、泥石流等灾害对铁路建设、运营的影响,提出生态保护和修复的措施和建议;铁路工程临时用地应根据确定的复垦方案设计。

(3)铁路工程路基、桥梁、隧道、站场排水系统应顺接引入当地排水系统。

(4)隧道洞口边仰坡防护应采用工程防护与植物防护相结合的防护修复措施。弃土(石、渣)场必须先行修建挡渣工程。

(5)声屏障声学设计需根据铁路工程近期运量及列车类型、编组数量、对数、设计速度等因素确定。

（6）声屏障严禁侵入铁路建筑限界，不得影响其他运输设备的安全，并应满足其自身及其他铁路设施的检修和维护要求。

（7）声屏障声学构件设计使用年限不应少于25年；结构构件设计使用年限不应少于50年，结构安全等级不应低于二级。

6. 验收管理

勘察设计单位应参加降水、地表注浆加固、洞内注浆、弃渣场防护等涉及环保的分项工程验收，参加加固处理、主要结构、防排水等分部工程验收，参加单位工程验收。

三、监督检查事项

设计单位主体责任监督检查项点主要有检查环节、检查内容和方法、检查依据、常见问题或情形、定性、处理依据和处理措施，具体内容详见表2-1～表2-6。

资质资格监督检查事项

表2-1

序号	检查环节	检查内容和方法	检查依据	常见问题或情形	定性	处理依据	处理措施
1	建设市场秩序~勘察设计资质	1. 查资质； 2. 查图签； 3. 查出图章	B02 第十八条	无资质	未取得资质证书承揽工程		予以取缔，处合同约定勘察、设计费1~2倍罚款；有违法所得的，予以没收
				资质不满足要求	超越资质等级承揽工程	B02 第六十条	责令停止违法行为，处合同约定勘察、设计费1~2倍罚款，有违法所得的，予以没收；可以责令停业整顿，降低资质等级；情节严重的，吊销资质证书
				图签中设计人员及技术负责人非合同单位人员	允许其他单位或个人以本单位名义承揽工程	B02 第六十一条	责令改正，没收违法所得，处合同约定勘察、设计费1~2倍罚款；可以责令停业整顿，降低资质等级；情节严重的，吊销资质证书
				出图章单位与签订合同单位不符	以其他单位的名义承揽建设工程勘察设计任务	B03 第三十五条	责令停止违法行为，处合同约定的勘察费1~2倍罚款，有违法所得的，予以没收

续上表

序号	检查环节	检查内容和方法	检查依据	常见问题或情形	定性	处理依据	处理措施
2	投标人之间不得有的情形	1. 查投标文件； 2. 查投标保证金转出账户	E26 第十六条	1. 不同投标人编制的投标文件的实质性内容存在任两处以上细节错误一致； 2. 不同投标人的投标文件由同一电子设备编制、打包加密或者上传，不同投标人的投标文件由同一投标人的电子设备打印、复印； 3. 不同投标人的投标文件由同一投标人送达或者分发； 4. 参加投标活动的人员为同一标段其他投标人的在职人员； 5. 不同投标人的投标保证金从投标人各自的基本账户转出，但是所需资金来自同一单位或者个人账户； 6. 存在法律、行政法规规定的其他禁止情形	—	A02 第五十三条、第五十三条、B04 第六十七条	责令改正

32

续上表

序号	检查环节	检查内容和方法	检查依据	常见问题或情形	定性	处理依据	处理措施
3	建设市场秩序~转包及违法分包	1. 查中标通知书；2. 查总包分包合同及建设单位同意分包手续；3. 查分包单位资质；4. 查图签中人员隶属关系；5. 查总包单位手续	B02 第十八条	1. 分包单位不具有相应资质；2. 没有建设单位批准手续；3. 主体工程由分包单位设计；4. 工程大部分由分包单位设计	承包单位将承包的工程转包、违法分包	B02 第六十二条	责令改正，没收违法所得，处合同约定的勘察费、设计费 25%～50% 的罚款；可以责令停业整顿，降低资质等级；情节严重的，吊销资质证书
		查勘察工作分包	C11 第三十四条	勘察工作分包未经建设单位批准	违法分包	—	责令改正
			B03 第九条	未经注册的建设工程勘察、设计人员以注册执业人员的名义从事建设工程勘察、设计活动	设计资格与设计内容不符		
4	人员资格	查人员资格	B03 第十条	注册执业人员受聘于多家单位或未受聘于建设工程勘察、设计单位	未受聘或受聘于多家单位的执业人员和其他专业技术人员从事建设工程的勘察、设计活动	B03 第三十六条	责令停止违法行为，没收违法所得，处违法所得 2 倍以上 5 倍以下的罚款；情节严重的，可以责令停止执行业务或者吊销资格证书，停止执业资格证书的，依法承担赔偿责任
			B03 第十一条	注册执业人员和专业技术人员相关证书不真实、不合规	执业人员未取得国务院建设行政主管部门统一制作的注册证书		

续上表

序号	检查环节	检查内容和方法	检查依据	常见问题或情形	定性	处理依据	处理措施
5	勘察作业设备、人员	查勘察设备情况	C13 第十五条	使用的勘察设备不满足相关规定	使用不合格设备	C13 第二十四条	责令改正，处1万~3万元罚款
		查勘察作业人员培训情况	C13 第十六条	司钻员、描述员、土工试验员等关键岗位作业人员未接受专业培训	勘察作业人员未经培训上岗	C13 第二十四条	责令改正，处1万~3万元罚款

勘察管理监督检查事项

表2-2

序号	检查环节	检查内容和方法	检查依据	常见问题或情形	定性	处理依据	处理措施
1	勘察资料	查勘察大纲、操作规程、勘测细则作业情况	C11 第三十二条	勘察作业未按照大纲、规程、细则进行，勘察成果不满足设计要求	勘察工作不规范，不标准	C11 第六十三条	责令改正，对单位和直接责任人给予警告
		查勘察大纲和工程建设强制性标准执行情况	C13 第十三条	未执行勘察大纲和工程建设强制性标准	未执行相关技术标准		
		查勘察质量管理制度落实情况、查项目质量措施	C13 第十三条	未落实本单位勘察质量管理制度，未制订项目质量保证措施	质量制度落实不到位		
		查勘察文件签字验收情况	C13 第十三条、第十四条	未按规定在工程勘察文件上签字，未对原始记录进行验收并签字，进行档案资料签字确认	未按规定进行签字、验收	C13 第二十四条	责令改正，处1万~3万元罚款
		查勘察原始记录、勘察相关影像资料、勘察资料存档情况	C13 第十七条	原始记录弄虚作假；室内钻探、取样、原位测试留存备查，未按规定将工程勘察文件和勘探、试验、测试原始记录及成果、质量安全管理记录归档保存	勘察原始资料弄虚作假，勘察资料管理不规范	C13 第二十四条	责令改正，处1万~3万元罚款

续上表

序号	检查环节	检查内容和方法	检查依据	常见问题或情形	定性	处理依据	处理措施
2	勘察工作	查工点施工设计文件，核对地质情况	B01 第十二条	地质情况严重不符，违反现行《铁路工程地质勘察规范》(TB 10012)等的要求	未按照法律、法规和工程建设强制性标准进行勘察	B01 第五十六条	责令限期改正，罚款(情节严重的，建议责令停业整顿，降低资质等级)
3	勘察设计程序	依据项目规模检查勘察设计程序	C11 第十一条	勘察设计程序与项目规模不符	未按照规定执行勘察设计程序和步骤	—	责令改正
		查勘察资料提交时间与设计完成时间的关系	B02 第二十一条	设计完成时间早于勘察资料提交时间	未根据勘察成果进行工程设计	B02 第六十三条	责令改正，处10万~30万元罚款
4	勘察设计质量要求	查勘察设计合同规定的质量标准、工期	C11 第二十三条	合同中勘察设计质量标准不符合相关规定	未明确勘察设计质量标准	—	责令改正
			C11 第二十四条	合同中规定工期过短，不能够保证勘察设计质量	未明确合理的勘察设计工期	—	责令改正
5	分包责任	查对分包勘察工作的管理	C11 第三十四条	对分包勘察工作没有相应的管理制度	未对分包勘察工作负责	—	责令改正

续上表

序号	检查环节	检查内容和方法	检查依据	常见问题或情形	定性	处理依据	处理措施
6	勘察成果	查初测、定测资料以及可行性研究、初步设计报告	C11 第二十八条	初测、定测资料不完善，相关报告未按照勘察资料编写	勘察设计步骤、流程不符合规定	—	责令改正
		查勘察成果	B02 第二十条	勘察单位提供的地质、测量、水文等勘察成果不真实、不准确	勘察成果质量不高	—	责令改正
			B03 第二十五条	勘察资料弄虚作假，提供虚假成果资料	提供虚假勘察成果资料	C11 第二十四条	责令改正，处10万~30万元罚款
		查初测、定测、加深地质工作阶段勘察深度	C11 第五十二条	初测、定测、加深地质工作阶段勘察深度不满足相关要求	勘察深度不足	B03 第四十条	责令改正，处1万~30万元罚款
		查配合勘察监理、设计文件审查、勘察问题处理	C13 第九条	不配合勘察监理、设计文件审查，勘察问题不及时处理	未及时处理相关勘察问题	C11 第六十三条	责令改正，对单位和直接责任人给予警告
7	勘察配合	查勘察技术交底和验槽		未按规定参加建设单位组织的勘察技术交底或者验槽	未进行勘察技术交底和验槽	C13 第二十四条	责令改正，处1万~3万元罚款

设计管理监督检查事项

表 2-3

序号	检查环节	检查内容和方法	检查依据	常见问题或情形	定性	处理依据	处理措施
1	强制性标准的执行	查关键环节工程建设强制性标准执行情况	B02 第十九条	未执行强制性标准	未按照工程建设强制性标准进行勘察、设计	B02 第六十三条	责令改正，处10万~30万元罚款
2	安全费用的计列	查设计概算中安全费用章节	B01 第八条，B05 第十二条	1. 概算中无安全措施费；2. 安全措施费用不足	概算中无安全措施费	B01 第五十四条	限期改正；逾期未改正的，责令该建设工程停止施工
					设计深度不足	—	责令改正
3	建筑材料、设备	1. 查相关设计文件中关于设备材料来源的表述；2. 查设计文件载明的材料、构配件和设备的国家或行业规定标准	B02 第二十二条	未注明规格、型号、性能等技术指标 设计文件直接指定了非专用设备材料的厂商	指定建筑材料、建筑构配件的生产厂、供应商	B02 第六十三条	责令改正，处10万~30万元罚款

续上表

序号	检查环节	检查内容和方法	检查依据	常见问题或情形	定性	处理依据	处理措施
4	安全措施建议	1. 查设计文件中是否注明了涉及施工安全的重点部位和环节； 2. 查是否提出防范生产安全事故的指导意见； 3. 查对新结构、新材料、新工艺是否提出保障施工作业人员安全和预防生产安全事故的措施建议	B01 第十三条	存在不符合强制性标准的内容	未按照法律、法规和工程建设强制性标准进行设计	B01 第五十六条	责令限期改正，处10万~30万元的罚款，依法承担赔偿责任；情节严重的，责令停业整顿，降低资质等级，直至吊销资质证书；造成重大安全事故，构成犯罪的，依照刑法有关规定追究刑事责任；造成损失的，依法承担赔偿责任
				在设计文件中未注明重点部位和环节	违反B01第十三条		
				无预防生产安全事故的措施及有关指导意见和建议	采用新结构、新材料和特殊结构的建设工程，设计单位未提出保障施工作业人员安全和预防生产安全事故的措施建议		
		查工程设计是否按照勘察成果文件进行	C11 第三十五条	设计单位设计依据与勘察成果不符	设计单位未根据勘察成果文件进行工程设计	B02 第六十三条	责令改正，处10万~30万元的罚款
5	设计依据	查设计依据有效性	B03 第二十五条	相关文件、规定缺失或不充分	编制依据不满足要求	C11 第六十条	责令改正，对单位和直接责任人给予警告；情节严重的，按规定暂停参加铁路建设工程勘察设计投标

续上表

序号	检查环节	检查内容和方法	检查依据	常见问题或情形	定性	处理依据	处理措施
6	初步设计、施工图设计深度	查初步设计、施工图设计文件组成内容	B03 第二十五条	未达到规定的设计深度，不满足初步设计、施工图设计等阶段文件编制办法相关要求，不满足工程实施的需求	未达到规定的设计深度	B03 第四十条	责令改正，处1万~20万元的罚款
7	设计问题处理及答疑	查设计意图说明情况	C11 第五十一条	未向施工、监理单位说明设计意图，提出建设、监理和施工注意事项	未说明设计意图	C11 第六十三条	责令改正，对单位和直接责任人给予警告
		查勘察设计对相关单位提出的勘察设计文件中存在的问题处理情况	C11 第五十三条	存在的问题没有得到有效处理	未及时对提出的问题进行研究和处理	C11 第六十三条	责令改正，对单位和直接责任人给予警告
		查勘察设计文件修改程序和资料	C11 第四十条	委托修改设计文件的单位资质不足或不健全	勘察设计文件的修改未按规定进行	—	责令改正
8	设计深度	1. 查设计文件；2. 查技术交底；3. 查设计工作联系单		未达到规定的设计深度，不满足工程实施的需求	未达到规定的设计深度	—	责令改正

表 2-4
现场管理监督检查事项

序号	检查环节	检查内容和方法	检查依据	常见问题或情形	定性	处理依据	处理措施
1	勘察作业	查各类管线、设施和周边建筑物、构筑物的保护措施	B01 第十二条	未采取措施保证各类管线、设施和周边建筑物、构筑物的安全	未严格执行操作规程	—	责令改正
2	制度体系建设	查质量管理体系	C01 第二十条	质量责任不清楚，质量管理混乱	没有明确的质量管理制度和体系	—	责令改正
3	施工配合机构	1.查现场配合机构、人员配备；2.查投标文件；3.查勘察设计合同	C11 第五十二条	未设置现场配合机构、配备相应人员	合同履约不到位	C11 第六十三条	责令改正
4	设计依据	1.查设计图；2.查设计说明；3.查技术交底和设计更正	B02 第二十条	1.勘察资料与现场情况严重不符；2.采用无效的设计依据	勘察资料与现场情况严重不符，未及时更新相关设计标准	—	责令改正
5	设计交底	1.查技术交底说明书；2.查交底记录	B03 第三十条	未向业主或建设管理单位、工程勘察、设计单位说明设计意图，解释建设工程勘察、设计文件	设计交底资料模糊，不完善	C11 第六十三条	责令改正，对单位和直接责任人给予警告，情节严重的，按规定暂停参加铁路建设工程勘察设计投标；造成经济损失的，依法承担赔偿责任
			C11 第五十一条	未向施工单位履行合同约定	勘察设计单位未履行合同约定		
			C01 第二十三条	重点、特殊、高风险工程没有现场交底，新材料、新工艺、新设备没有专项交底	设计交底、技术交底不细致、不全面		

续上表

序号	检查环节	检查内容和方法	检查依据	常见问题或情形	定性	处理依据	处理措施
6	现场反馈问题处理	1. 查现场调查；2. 查处理方案	C11 第五十三条	未对建设管理、咨询、监理单位提出的相关问题进行研究处理	合同履约不到位	—	责令整改
7	变更设计	1. 查变更设计管理办法；2. 查变更设计台账；3. 查变更设计会议纪要；4. 查变更设计文件、变更通知单	C10 第三十五条、C16 第三十四条	1. 变更设计中弄虚作假或与其他单位相互串通弄虚作假；2. 对施工中出现的设计问题未及时进行完善优化设计和改进；3. 未按变更设计管理办法执行变更设计	未按照规定进行变更设计	C10 第七十五条	责令改正；情节严重的，暂停投标资格，由资质审批部门降低铁路专业资质等级直至撤销资质，对直接责任人员依法给予行政处罚，构成犯罪的，依法追究刑事责任
8	四新技术应用	查新技术、新材料的使用是否取得相关认证	C01 第二十二条	1. 新技术未经过专家论证；2. 新材料没有取得资质认定的检测机构出具的检测报告	新技术、新材料存在安全隐患	—	责令改正
9	设计回访	1. 查现场业主反馈；2. 查回访记录	C11 第五十六条	未及时协助解决出勘察设计原因导致的问题	—	C11 第六十三条	对单位给予警告，情节严重的暂停投标

续上表

序号	检查环节	检查内容和方法	检查依据	常见问题或情形	定性	处理依据	处理措施
10	风险管理	1. 查设计阶段风险管理实施细则； 2. 查风险控制措施和风险防范注意事项； 3. 查有关风险的技术交底资料； 4. 查风险评估报告或成果文件	D04 第3.4.4条	1. 未制订设计阶段风险管理实施细则； 2. 未确定风险控制措施和风险防范注意事项； 3. 未向参建各方进行有关风险的技术交底； 4. 未动态调整风险评估报告或文件； 5. 未参与风险后期评估工作	—	—	责令整改

环水保管理监督检查事项

表2-5

序号	检查环节	检查内容和方法	检查依据	常见问题或情形	定性	处理依据	处理措施
1	生态环保投资	查环水保防治措施和投资概算	B08 第十六条	初步设计中未编制环境保护篇，未落实防治措施和投资概算	初步设计编制不完善，缺少环境保护内容	B08 第二十二条	责令限期改正，处5万元以上20万元以下的罚款；逾期不改正的，处20万元以上100万元以下罚款

续上表

序号	检查环节	检查内容和方法	检查依据	常见问题或情形	定性	处理依据	处理措施
2	生态环境措施	1 查野生动物迁徙活动的通道；2. 查对古树、名木的保护或避让措施；3. 查防地下水渗漏措施	D27 第4.1.2条~第4.1.4条	1. 未设置野生动物迁徙活动的通道；2. 对古树、名木未采取保护或避让措施；3. 未对地下水渗漏采取措施	设计文件中无生态环保的相关措施	—	责令改正
		查生态保护和修复的措施和建议	—	1. 设计未考虑生态退化、滑坡、泥石流等灾害对铁路建设、运营的影响；2. 设计文件未提出生态保护和修复的措施和建议		—	责令改正
3	土地资源	查土地资源复垦方案	D27 第4.2.5条	1. 根据工程临时用地未确定的复垦方案设计；2. 无复垦要求和措施	临时用地复垦未按标准进行设计	—	责令改正
		查工程排水系统	D27 第4.3.2条	铁路工程路基、桥梁、隧道、站场排水系统未顺接引入当地排水系统		—	责令改正
4	水土保持	查工程防护与植物防护相结合的防护措施	D27 第4.3.5条	隧道洞口边仰坡防护未采用工程防护与植物防护相结合的防护措施	水土保持设计不规范	—	责令改正
		查弃土（石、渣）场修建方案	D27 第4.3.7条	弃土（石、渣）场未先行修建营渣工程		—	责令改正

续上表

序号	检查环节	检查内容和方法	检查依据	常见问题或情形	定性	处理依据	处理措施
5	声屏障设计	查声屏障设计内容是否符合现行规范要求	D26 第1.0.3条~第1.0.7条	1.声学设计未考虑近期列车运量、列车编组数量、设计速度等因素；2.不满足自身及其他铁路设施的检修和维护要求；3.声屏障采用的"四新",不符合国家现行标准；4.声屏障结构设计,附属设施及接口设计不符合现行规范要求	未执行技术标准	—	责令改正

表2-6 验收管理监督检查事项

序号	检查环节	检查内容和方法	检查依据	常见问题或情形	定性	处理依据	处理措施
1	过程验收	查检验批、分项、分部和单位工程验收资料	D04 第3.4.2条	1.未参加降水、地表注浆加固、洞内注浆、弃渣场防护等涉及环保的分项工程验收；2.未参加结构、防排水等分部工程验收；3.未参加单位工程验收	设计主体责任不落实	—	责令改正

第三章
监理单位主体责任

一、主要检查内容

监理单位主体责任监督检查重点事项包括资质资格、勘察管理、设计管理、配合施工现场管理、环水保管理及验收管理。

二、主体责任清单

1. 资质资格

(1)工程监理单位应当依法取得相应等级的资质证书,并在其资质等级许可的范围内承担工程监理业务。

(2)工程监理单位不得超越本单位资质等级许可的范围或者以其他工程监理单位的名义承担工程监理业务;不得允许其他单位或者个人以本单位的名义承担工程监理业务;工程监理业务不得转让。

(3)工程监理单位与被监理工程的施工承包单位以及建筑材料、建筑构配件和设备供应单位不得有隶属关系或者其他利害关系。

(4)工程监理单位应当选派具备相应资格的总监理工程师和监理工程师进驻施工现场。

(5)未经监理工程师签字,建筑材料、建筑构配件和设备不得在工程上使用或者安装,施工单位不得进行下一道工序的施工。未经总监理工程师签字,建设单位不拨付工程款,不进行竣工验收。

2. 体系及制度建设

(1)工程监理单位应当依照法律、法规以及有关技术标准、设计文件和建设工程承包合同,代表建设单位对施工质量实施监理,并对施工质量承担监理责任。

(2)工程监理单位必须遵守安全生产法律、法规的规定,保证建设工程安全生产,依法承担建设工程安全生产责任。

（3）项目监理机构应依据法律法规、工程建设强制性标准，建立安全生产管理的监理工作制度，明确安全生产管理的监理工作范围、内容、程序和措施，确定安全生产管理兼职或专职监理人员及其职责，履行建设工程安全生产管理的监理职责。

（4）工程施工质量验收应执行铁路工程施工质量验收标准，项目监理机构应编制工程施工质量验收实施细则。

3. 技术、资料管理

（1）监理单位应认真核对设计文件，将发现的勘察设计问题以及施工单位提出的问题及时书面通知勘察设计单位、施工单位和建设单位；积极参与变更设计方案研究，按照变更设计文件施工图实施监理。

（2）监理人员应详细、真实记录监理日记，主要内容包含：①时间、地点、气候记录；②施工进展情况，主要包括人员动态、施工机械进出场、进场材料、构配件的数量及质量状况等；③巡视检查及旁站过程中发现的问题及处置；④工程试验或监测记录；⑤工程质量验收情况；⑥向承包单位发出通知的问题及答复意见等。监理日记应交项目监理机构登记归档。

（3）监理日志由项目监理机构指定的现场专业监理工程师填写，项目监理机构或分支机构应定期检查，并在监理日志中留下签字和抽查评语，以确保监理日志的真实性、完整性和可追溯性。监理日志应按照单位工程填写。

（4）项目监理机构应每月收集一次监理日志，由项目监理机构归档保存。

（5）监理月报应由总监理工程师主持编制，并在规定的时间内报送建设单位。

4. 质量管理

（1）工程监理单位应当选派具备相应资格的总监理工程师和监理工程师进驻施工现场。

（2）监理单位应严格按照现行《建设工程监理规范》（GB/T 50319）、《铁路建设工程监理规范》（TB 10402）等的规定建立健全进场质量验收见证检验、平行检验制度，制订进场质量验收监理实施细则，按照监理规范配备相应的监理人员，明确职责，配置必要的检验检测设备。

（3）监理工程师应当按照工程监理规范的要求，采取旁站、巡视和平行检验等形式，对建设工程实施监理。

（4）监理单位应独立实施平行检验，进场材料、构件、设备、产品的取样、送样应由监理人员自行完成，且不得使用可能影响检验检测结果公正性的检测机构。按规定必须平行检验的，不得以见证检验代替平行检验。

（5）工程监理单位应按规定组织或者参加工程施工质量验收，监督责任单位对存在的质量问题进行整改，并对整改结果进行检查。对监理工作中发现的问题，工程地质勘察监理单位应及时以书面形式通知勘察单位并提出改进要求,对整改落实情况进行检查。

(6)工程地质勘察监理单位应按合同约定向建设单位书面报告勘察监理工作情况;工程地质勘察监理工作结束后,应向建设单位提交勘察监理报告,对勘察单位的勘察成果提出评价意见。

(7)专业监理工程师应对承包单位核对设计文件的情况进行检查,对承包单位提出的问题进行研究,并将处理意见报送建设单位。

(8)监理单位对施工组织设计的审查主要包括:①质量、安全、造价、进度、环保及水保控制目标;②施工场地布置及文明施工;③施工方案、施工方法、施工工艺;④主要进场人员;⑤施工进度计划、安全、消防措施等。

(9)总监理工程师应审查承包单位报送的工程开工报审表及相关资料,由总监理工程师签署审核意见,并报建设单位。

主要资料包括:

①已获批准的施工组织设计及相关专项施工方案。

②项目经理、技术负责人、其他技术和管理人员已经到位,主要施工设备、施工人员已经进场,主要工程材料已经落实。

③进场道路及水、电、通信等已满足开工要求。

④经审核合格的施工图已经到位。

⑤工程复测或施工放样工作已经完成。

⑥承包单位与铁路运营单位已签订营业线施工安全协议(当涉及营业线时)。

(10)总监理工程师应组织专业监理工程师参与交桩,检查承包单位测量人员的资格证书及测量设备检定证书,检查承包单位报送的施工平面控制网、高程控制网和临时水准点的测量成果及控制桩的保护措施,并对重要工程的控制点进行复测。

(11)专业监理工程师应审查承包单位提交的进场施工机械、设备报验表,核查进场的机械设备数量及性能,合格时予以签认。专业监理工程师应审查承包单位报送的新材料、新工艺、新技术、新设备的质量认证材料和相关验收标准的适用性,必要时,要求承包单位组织专题论证,合格后报总监理工程师签认。

(12)项目监理机构应编制材料进场验收监理实施细则,并按要求对进场材料进行验收;建筑材料、构配件和设备必须经监理工程师检查签字后方可使用或安装,涉及工程结构安全的关键工序和隐蔽工程,必须经监理工程师签字后方可进行下一道工序作业。未经总监理工程师签字,建设单位不拨付工程款,不进行竣工验收。

(13)项目监理机构进场后应督促承包单位尽快完成标段内单位工程划分工作,并向项目监理机构提交单位工程划分报审表和单位工程清单,经审查合格后,项目监理机构应及时上报建设单位备案。

（14）监理人员发现施工过程中存在质量缺陷时，专业监理工程师应及时下达通知，责令承包单位进行整改，并对整改过程和结果进行监督和验收。监理人员应加强隐蔽工程隐蔽前影像资料的采集和留存，工程质量的检查和验收。

（15）项目监理机构应按规定参与静态验收、动态验收、安全评估、初步验收和正式验收。

5. 安全管理

（1）监理单位风险管理工作应包括下列内容：

①制订风险管理实施细则。

②参与施工阶段风险管理。

③审核施工风险处置措施、风险监测方案、专项施工方案和应急预案。

④监督检查风险控制措施的落实情况，并做好相关记录。

⑤参与风险评估工作。

（2）总监理工程师应组织审查承包单位编制的施工组织设计中的安全技术措施和危险性较大的分部分项工程专项施工方案，应审查下列主要内容：

①地下管线保护措施。

②基坑支护与降水、围堰、沉井、高陡坡土石方开挖、起重吊装、钢结构安装、爆破作业、隧道开挖、高空作业、水上作业、潜水作业等施工方案。

③高墩、大跨、深水和结构复杂桥梁工程的专项施工方案。

④高风险点施工方案。

⑤架梁、铁路营业线施工防护方案。

⑥季节性施工方案。

（3）对超过一定规模的危险性较大的分部分项工程的专项施工方案，项目监理机构应检查承包单位组织专家进行论证、审查的情况，以及是否附安全验算结果。项目监理机构应要求承包单位按已批准的专项施工方案组织施工。

6. 环水保管理

总监理工程师审查承包单位的施工组织设计时，应审查环保与水保的运行体系、保护目标、保护措施、发生环保与水保事故的应急机制、环保与水保责任制度及事故报告制度等。如不达标，总监理工程师不应批准开工。

7. 造价控制及验收管理

（1）项目监理机构应按规定进行工程计量和工程款支付。专业监理工程师应按合同约定进行计量与支付审核。

（2）监理单位应按规定检查进场材料、构件、设备、产品的质量证明文件（质量合格证、规格、型号及性能检测报告等）及其质量情况，按相关标准进行见证检验或平行检验，合格时予以签认、计价。

（3）未经监理工程师签字，建筑材料、建筑构配件和设备不得在铁路建设工程上使用或者安装，施工单位不得进行下一道工序的施工。未经总监理工程师签字，建设单位不拨付工程款，不进行竣工验收。

（4）专业监理工程师应及时收集、整理与费用索赔有关资料。

（5）项目监理机构不予验工计价的工程有：

①未按质量验收标准进行验收或验收不合格的工程。

②超出施工图或超出批准变更设计的工程。

③违法分包或转包的工程等。

三、监督检查事项

监理单位主体责任监督检查项点主要有检查环节、检查内容和方法、检查依据、常见问题或情形、定性、处理依据和处理措施，具体内容详见表3-1～表3-7。

资质资格监督检查事项

表 3-1

序号	检查环节	检查内容和方法	检查依据	常见问题或情形	定性	处理依据	处理措施
1	监理单位资质	1. 查资质； 2. 查合同	B02 第三十四条	无资质	未取得资质证书承揽工程的	B02 第六十条	予以取缔，处合同约定的监理酬金 1~2 倍罚款；有违法所得的，予以没收
				资质不满足要求	超越本单位资质等级承揽工程	C02 第十二条	责令停止违法行为，处合同约定的监理酬金 1~2 倍罚款
				现场监理单位与合同监理单位不一致	允许其他单位或者个人以本单位名义承揽工程	B02 第六十一条	责令改正，没收违法所得，处合同约定的监理酬金 1~2 倍罚款
2	监理业务转让	1. 查监理合同； 2. 核对现场人员和资质	B02 第三十四条	现场监理单位与合同监理单位不一致	工程监理单位转让工程监理业务	B02 第六十二条	责令改正，没收违法所得，处合同约定的监理酬金 25%~50% 罚款
3	监理单位利害关系	1. 查被监理单位企业章程、工商注册登记； 2. 查建筑材料、建筑构配件和设备供应单位的企业章程、工商注册登记	B02 第三十五条	存在隶属关系或者其他利害关系	与被监理单位的施工承包单位有隶属关系或者其他利害关系，承担该项建设工程的监理业务	B02 第六十八条	责令改正，处 5 万~10 万元罚款，降低资质等级或者吊销资质证书；有违法所得的，予以没收
					与建筑材料、建筑构配件和设备供应单位有隶属关系或者其他利害关系		

续上表

序号	检查环节	检查内容和方法	检查依据	常见问题或情形	定性	处理依据	处理措施
4	监理工程师资格	查总监理工程师和监理工程师资格证书	B02 第三十七条	总监理工程师和监理工程师不具备相应资格	擅自以注册监理工程师的名义从事工程监理及相关业务活动	C07 第二十九条	给予警告,责令停止违法行为,处以3万元以下罚款;造成损失的,依法承担赔偿责任

体系及制度建设监督检查事项

表 3-2

序号	检查环节	检查内容和方法	检查依据	常见问题或情形	定性	处理依据	处理措施
1	质量管理体系和制度建设	1.查质量管理体系(如:组织机构,人员配备,制度建设等); 2.查制度文件	C01 第三十七条	1.未制订项目监理工作管理制度; 2.未建立健全质量管理体系,明确和落实监理质量责任	体系制度不健全	—	责令改正
		1.查监理规划、实施细则等资料; 2.查人员配备和分工; 3.查监理工作记录; 4.查实验检测设备、仪器配备	B02 第三十六条、D25 第4.3.1条	未制订监理规范、实施细则等不符合同约定,备不齐全等工作记录不全,诺或工作需要配备实验检测设备仪器	监理制度不健全,履约不到位	—	责令改正
2	安全管理体系	1.查组织机构; 2.查监理工作制度; 3.查人员履约	B01 第四条、D25 第7.1.1条	1.未建立安全生产监理工作制度; 2.未明确监理安全生产责任制	未履行建设工程安全生产管理监理职责	—	责令改正

技术、资料管理监督检查事项

表 3-3

序号	检查环节	检查内容和方法	检查依据	常见问题或情形	定性	处理依据	处理措施
1	图纸会审	查图纸会审记录	C01 第三十八条	发现施工图设计文件差错，与现场实际情况不符，未及时书面通知建设设计单位	履职不到位	—	责令改正
2	变更设计	查施工情况与变更设计文件的一致性	C16 第三十六条	未经批准擅自同意变更施工	—	C16 第四十条	依法追究责任
3	监理日记	查监理日记	D25 第10.1.1条、第10.1.2条	1. 监理日记记录不详细，不真实；2. 离岗时未将监理日记交项目监理机构登记归档	—	—	责令改正
4	监理日志	查监理日志	D25 第10.2.1条～第10.2.5条	1. 项目监理机构未定期检查监理日志，未在监理日志中签字和抽查评语；2. 监理日志存在擅自撕页、随意涂改问题；监理日志未按月归档	—	—	责令改正
5	监理月报	查监理月报	D25 第10.3.1条	未及时报送监理月报；监理月报内容不全	—	—	责令改正

第三章 ◇ 监理单位主体责任

质量管理监督检查事项

表 3-4

序号	检查环节	检查内容和方法	检查依据	常见问题情形	定性	处理依据	处理措施
1	准备阶段质量控制	1. 查图纸会审； 2. 查施工单位测量人员资格和设备检定证书； 3. 查监理复测情况	D25 第4.1.2条~ 第4.1.4条	1. 未核对施工图纸，发现问题未向建设单位提出书面报告； 2. 未检查施工单位测量人员资格证和设备检定证书； 3. 未对重要工程控制点进行复测	未按规定履行监理职责	—	责令改正
		查开工报告和施工组织设计	D25 第4.1.6条、 第4.1.8条	未对开工报告和施工组织设计进行审查	未按规定履行监理职责	—	责令改正
		查进场施工机械、设备报验核查资料	D25 第4.1.12条	未对进场施工机械、设备报验进行核查或不合格按合格签认	未按规定履行监理职责	—	责令改正
		查工地试验室、混凝土拌和站、钢筋加工场及小型构件预制场核查资料	D25 第4.1.3条	未对工地试验室、混凝土拌和站、钢筋加工场及小型构件预制场进行核查或不合格按合格签认	未按规定履行监理职责	—	责令改正
		查"四新"质量认证材料审核签证资料	D25 第4.1.14条	未对"四新"质量认证材料进行审核签证或不合格按合格签认	未按规定履行监理职责	—	责令改正
		查单位工程划分报审表和单位工程清单	D25 第4.1.18条	未审核单位工程划分报审表和单位工程清单	—	—	责令改正

续上表

序号	检查环节	检查内容和方法	检查依据	常见问题或情形	定性	处理依据	处理措施
2	建筑材料、构配件和设备进场检验	查建筑材料、构配件、设备使用、验收记录和工序验收记录	C07 第十七条,D25 第4.1.17条	不合格的工程、材料、构配件和设备按照合格签字	对不合格的建设工程、建筑材料、建筑构配件和设备按照合格签字	B02 第六十七条	责令改正,处50万~100万元罚款,降低资质等级或者吊销资质证书;有违法所得的,予以没收;造成损失的,承担连带责任
			B02 第三十七条	对施工单位使用或者安装未经监理工程师签字验收的建筑材料、建筑构配件和设备,或默许施工单位进行下一道工序的施工制止	—	—	—
3	监理平行检验、见证检验	1. 查监理单位进场质量验收见证检验、平行检验制度; 2. 查进场质量验收监理实施细则; 3. 查进场质量验收职责、人员配置、岗位职责; 4. 查必要的检验检测设备配置情况	E02 第十三条	未建立进场质量验收见证检验、平行检验制度	监理履约不到位	—	责令改正
				未建立进场质量验收监理实施细则			
			D25 第4.1.16条	未按进场质量验收监理实施细则执行			
				未配备必要的检验检测设备			

续上表

序号	检查环节	检查内容和方法	检查依据	常见问题或情形	定性	处理依据	处理措施
4	工程质量过程控制	1. 查监理日志；2. 查旁站、巡视和平行检验资料；3. 查监理见证取样制度及过程记录	B02 第三十八条 E02 第十五条、第十一条、第十二条	1. 未按规定进行旁站、巡视和平行检验；2. 见证取样制度不全、未进行见证检验，缺乏记录或记录过程不规范	未按照监理职责开展工作	—	责令改正
		1. 查监理合同；2. 查有关会议纪要等资料；3. 查质量问题记录	第十一条、第十二条	对应当检查的项目不进行检查或者不按规定进行检查	与施工单位串通，弄虚作假，降低工程质量	B02 第六十七条	责令改正，处50万～100万元罚款，降低资质等级或吊销资质证书；有违法所得的，予以没收
		查建筑、材料、构配件见证记录和平行检验报告	D25 第4.2.3条	未按工程施工质量验收标准的要求进行见证检验	—	—	责令改正
		查关键工序和隐蔽工程检查验收；查影像资料记录留存	C10 第五十条，D25 第4.2.14条	对于涉及工程结构安全的关键工序和隐蔽工程，监理工程师未签字	验收程序不规范	—	责令改正
		查现场质量缺陷处理整改情况	D25 第4.2.13条	未对现场存在的问题下达整改通知，未对整改过程和结果进行监督和验收	—	—	责令改正

续上表

序号	检查环节	检查内容和方法	检查依据	常见问题或情形	定性	处理依据	处理措施
5	工程施工质量验收	查检验批、分项、分部和单位工程验收资料	B02 第三十八条，D25 第4.3.2条	验收合格后未签认检验批、分项、分部和单位工程质量验收记录	未按程序进行施工质量验收	—	责令改正
				不合格工程按照合格签字	对不合格的建设工程按照合格签字	B02 第六十七条	责令改正，处50万~100万元罚款，降低资质等级或者吊销资质证书；有违法所得的，予以没收；造成损失的，承担连带责任
		查工程地质勘察监理通知单及整改回复资料	C01 第四十条	同类工程首件验收非总监组织进行	未履行监理职责	—	责令改正
				对监理工作中发现的问题，未及时以书面形式通知勘察单位并提出改进要求，未对整改落实情况进行检查		—	责令改正
6	工程地质勘察监理	1.查勘察监理工作报告；2.查勘察成果监理评价意见	C01 第四十一条	1.未按合同约定向建设单位书面报告勘察监理工作情况；2.工程地质勘察监理工作结束后，未向建设单位提交勘察监理报告；3.未对勘察单位的勘察成果提出评价意见		—	责令改正

安全管理监督检查事项

表 3-5

序号	检查环节	检查内容和方法	检查依据	常见问题或情形	定性	处理依据	处理措施
1	安全监理情况	查安全技术措施审查及现场处理、报告等过程监理资料	B01 第十四条	未进行审查	未对施工组织设计中的安全技术措施或者专项施工方案进行审查	B01 第五十七条	责令限期改正,逾期未改正的,责令停业整顿,并处 10 万～30 万元的罚款;情节严重的,降低资质等级,直至吊销资质证书
				发现安全事故隐患未按规定处理	发现安全事故隐患未及时要求施工单位整改或者暂时停止施工	—	—
				情况严重未向建设单位或有关主管部门汇报	施工单位拒不整改或者不停止施工,未及时向有关主管部门报告	—	—
				施工单位拒不整改,停工的,未向建设单位或有关主管部门汇报	—	—	—
				未按规定实施监理	未依照法律、法规和工程建设强制性标准实施监理	—	—

续上表

序号	检查环节	检查内容和方法	检查依据	常见问题或情形	定性	处理依据	处理措施
2	分部分项工程专项施工方案	查专项方案编制、签字等	B01 第二十六条, D25 第7.1.4条、第7.1.5条	未经总监理工程师签字	未对施工组织设计中的专项施工方案进行审查	B01 第五十七条	责令限期改正,逾期未改正的,责令停业整顿,并处10万~30万元的罚款;情节严重的,降低资质等级,直至吊销资质证书
		查专项方案实施情况	D25 第7.1.5条	发现未按专项方案实施,未采取监理措施督促整改	未履行监理职责	—	责令改正
3	安全检查	1.查监理单位对安全费用投入及安全资源配置的检查情况; 2.查安全监理实施细则编制及监理安全管理规划编制情况; 3.查安全监理控制和管理目标细化分解情况; 4.查总监理工程师、监理工程师安全培训情况;	D01 第3.2.1条, D25 第7.1.5条	1.未检查安全费用投入及资源配置;未检查安全设备、施工机具、防护用具、机械设备等是否符合国家相关规定,未检查特种设备安全许可验收手续; 2.监理安全管理规划及安全监理实施细则编制不全,未按安全监理实施细则实施安全监理;	未依照法律、法规和合同约定履行监理职责	—	责令改正

续上表

序号	检查环节	检查内容和方法	检查依据	常见问题或情形	定性	处理依据	处理措施
3	安全检查	5. 查重大安全技术交底参与及施工单位安全技术交底； 6. 查应急预案编制及审查施工单位应急预案情况； 7. 查现场安全巡查旁站监理情况		3. 未细化分解安全监理控制和管理目标； 4. 总监、监理工程师安全培训学时不达标； 5. 未检查施工单位安全技术交底； 6. 未结合危险源辨识编制应急预案，未督促施工单位按应急预案演练； 7. 总监、监理工程师未履行安全检查职责或检查频次不够，安全检查问题未整改闭合	未依照法律、法规和合同约定履行监理职责	—	责令改正
4	风险管理	1. 查风险管理实施细则； 2. 查施工单位风险处置措施； 3. 查风险监测方案和应急预案的审查审批情况； 4. 查安全检查记录	D04 第3.4.6条	1. 未制订风险管理实施细则； 2. 未审核施工风险处置措施，风险监测方案和应急预案； 3. 未检查风险控制措施的落实，无相关记录	风险管理不到位	—	责令改正

表 3-6

环水保管理监督检查事项

序号	检查环节	检查内容和方法	检查依据	常见问题或情形	定性	处理依据	处理措施
1	环境保护和水保持体系审查	1. 查施工组织设计； 2. 查环水保运行体系； 3. 查保护措施； 4. 查环水保事故应急机制； 5. 查水保责任制	D25 第8.0.1条	未审查环保和水保运行体系或运行体系不达标，批准开工	未履行工程监理环保、水保监督职责	—	责令改正
2	环水保过程监控	1. 查环水保措施落实情况； 2. 查水保监理整改通知单整改闭合情况	D25 第8.0.1条	1. 承包单位未落实环保、水保措施； 2. 对违反设计文件中环保、水保要求的行为，未发整改通知书，未督促承包单位进行整改； 3. 未对整改结果进行复查或整改未闭环未采取监理措施	未履行工程监理环保、水保监督职责	—	责令改正

造价控制及验收管理监督检查事项

表 3-7

序号	检查环节	检查内容和方法	检查依据	常见问题或情形	定性	处理依据	处理措施
1	验工计价	1. 查验工计价资料；2. 查设计文件和验收资料；3. 查工程量和支付统计台账	B02 第三十七条，E02 第十四条、第十六条，D25 第6.0.6条	验工计价、拨款或竣工验收未经总监签字	违规验工计价	—	责令改正
				对不应验工计价的验工计价			
			D25 第6.0.3条~第6.0.4条	未按照合同约定进行计量和工程款支付签认	—	—	责令改正
			D25 第6.0.5条	未按规定建立完成工程量和支付统计台账	—	—	责令改正
2	竣工验收	查竣工验收资料	D25 第4.3.5条	未按规定参与静态验收、动态验收、安全评估、初步验收	—	—	责令改正

第四章
施工单位主体责任

一、主要检查内容

施工单位主体责任监督检查重点事项包括资质资格、勘察管理、设计管理、配合施工现场管理、环水保管理及验收管理。

二、主体责任清单

1. 资质资格

(1)施工单位从事建设工程的新建、扩建、改建和拆除等活动,应当具备国家规定的注册资本、专业技术人员、技术装备和安全生产等条件,依法取得相应等级的资质证书,并在其资质等级许可的范围内承揽工程。

(2)施工单位应当确定工程项目的项目经理、技术负责人和施工管理负责人,对建设工程的施工质量负责。

(3)总承包单位依法将建设工程分包给其他单位的,分包单位应当按照分包合同的约定对其分包工程的质量向总承包单位负责,总承包单位与分包单位对分包工程的质量承担连带责任。

(4)取得资格证书的人员应当受聘于一个具有建设工程勘察、设计、施工、监理、招标代理、造价咨询等一项或者多项资质的单位,经注册后方可从事相应的执业活动。担任施工单位的项目负责人,应当受聘并注册于一个具有施工资质的企业。

2. 体系及制度建设

(1)施工单位应当建立健全质量、安全、消防、教育培训、职业健康卫生、疫情防控等管理制度,并制订相应的管理措施。

(2)施工单位必须建立健全施工质量的检验制度,严格工序管理,做好隐蔽工程的质量检查和记录。隐蔽工程在隐蔽前,施工单位应当通知建设单位和建设工程质量监督机构。

3. 技术管理

(1)施工单位必须建立健全技术交底制度。采用新技术、新材料、新工艺、新设备的工程应进行专项技术交底;严格工序管理,强化质量自控,实行自检、互检和交接检制度,按规定通知监理单位对隐蔽工程进行检查、记录并签认。未经质量验收合格不得进入下道工序。

(2)施工单位不得修改建设工程勘察、设计文件。确需修改建设工程勘察、设计文件的,应当由原建设工程勘察、设计单位修改,或经原建设工程勘察、设计单位书面同意,建设单位也可以委托其他具有相应资质的建设工程勘察、设计单位修改。

(3)施工单位、监理单位发现建设工程勘察、设计文件不符合工程建设强制性标准、合同约定的质量要求的,应当报告建设单位,建设单位有权要求建设工程勘察、设计单位对建设工程勘察、设计文件进行补充、修改。

(4)建设工程勘察、设计文件内容需要做重大修改的,应在建设单位报经原审批机关批准后,方可修改。

(5)铁路建设项目实行工程质量安全监督制度,建设单位必须在工程项目开工前按规定申办质量监督手续,接受政府有关部门或其委托监督机构的监督检查。

4. 质量管理

(1)施工单位必须按照工程设计图纸和施工技术标准施工,不得擅自修改工程设计,不得偷工减料。

(2)施工单位在施工过程中发现设计文件和图纸有差错的,应当及时提出意见和建议。

(3)施工单位应当建立健全产品进场质量验收制度,配备相应的进场质量验收机构和人员,明确岗位职责和验收程序,配置必要的检验检测设备,保证铁路建设工程使用合格的自购材料、构件、设备、产品。

(4)施工单位应严格按照工程设计要求和标准对建筑材料、建筑构配件、设备和商品混凝土进行进场质量验收,在外观质量检查和质量证明文件(质量合格证、规格、型号及性能检测报告等)核查的基础上,按进场的批次和规定的方案进行抽样检验检测。未经检验或者检验不合格的,不得使用。

(5)铁路建设工程使用的材料、构件、设备等产品,应当符合有关产品质量的强制性国家标准、行业标准。

(6)对涉及结构安全的试块、试件以及有关材料,施工人员应当在建设单位或者工程监理单位监督下现场取样,并送具有相应资质等级的质量检测单位进行检测。

(7)建设工程实行质量保修制度。建设工程承包单位在向建设单位提交工程竣工验收报告时,应当向建设单位出具质量保修书。质量保修书中应当明确建设工程的保修范围、保修期限和保修责任等。

5. 安全管理

(1)施工单位应当设立安全生产管理机构,配备专职安全生产管理人员。专职安全生产管理人员负责对安全生产进行现场监督检查。发现安全事故隐患,应当及时向项目负责人和安全生产管理机构报告;对违章指挥、违章操作的,应当立即制止。

(2)施工单位的主要负责人、项目负责人、专职安全生产管理人员应当在经建设行政主管部门或者其他有关部门考核合格后方可任职。施工单位应当对管理人员和作业人员每年至少进行一次安全生产教育培训,其教育培训情况记入个人工作档案。安全生产教育培训考核不合格的人员,不得上岗。

(3)施工单位主要负责人依法对本单位的安全生产工作全面负责。施工单位应当建立健全安全生产责任制度和安全生产教育培训制度,制订安全生产规章制度和操作规程,对所承担的建设工程进行定期和专项安全检查,并做好安全检查记录。

(4)施工单位严格执行安全技术标准,在施工前向作业人员进行安全教育培训和安全技术交底,分级实施;向作业人员提供安全防护用具和安全防护服装,并书面告知危险岗位的操作规程和违章操作的危害。施工单位应当进行安全生产监督检查,及时消除安全隐患;保证安全生产费用足额投入,专款专用;发生安全事故后,及时上报,启动应急预案。

(5)作业人员进入新的岗位或者新的施工现场前,应当接受安全生产教育培训。未经教育培训或者教育培训考核不合格的人员,不得上岗作业。施工单位在采用新技术、新工艺、新设备、新材料时,应当对作业人员进行相应的安全生产教育培训。

(6)垂直运输机械作业人员、安装拆卸工、爆破作业人员、起重信号工、登高架设作业人员等特种作业人员,必须按照国家有关规定经过专门的安全作业培训,并取得特种作业操作资格证书后,方可上岗作业。

(7)施工单位应当在施工组织设计中编制安全技术措施和施工现场临时用电方案。对达到一定规模的危险性较大的分部分项工程编制专项施工方案,附具安全验算结果,经施工单位技术负责人、总监理工程师签字后实施,由专职安全生产管理人员进行现场监督。对超过一定规模的危大工程的专项施工方案,施工单位还应当组织专家进行论证、审查。

(8)施工单位应当根据不同施工阶段、周围环境及季节、气候的变化,在施工现场采取相应的安全施工措施。

(9)施工单位应当在施工现场入口处、施工起重机械、临时用电设施、脚手架、出入通道口、楼梯口、电梯井口、孔洞口、桥梁口、隧道口、基坑边沿、爆破物及有害危险气体和液体存放处等危险部位,设置明显的安全警示标志。安全警示标志必须符合有关国家标准。

(10)施工单位对因建设工程施工可能造成损害的毗邻建筑物、构筑物和地下管线等,应当采取专项防护措施。在城市市区内的建设工程,施工单位应当对施工现场实行封闭围挡。

(11)施工单位应当在施工现场建立消防安全责任制度,确定消防安全责任人,制订用火、用电、使用易燃易爆材料等各项消防安全管理制度和操作规程,设置消防通道、消防水源,配备消防设施和灭火器材,并在施工现场入口处设置明显标志。

(12)施工单位应当根据建设工程施工的特点、范围,对施工现场易发生重大事故的部位、环节进行监控,制订施工现场生产安全事故应急救援预案。实行施工总承包的,由总承包单位统一组织编制建设工程生产安全事故应急救援预案,工程总承包单位和分包单位按照应急救援预案,各自建立应急救援组织或者配备应急救援人员,配备救援器材、设备,并定期组织演练。

(13)施工单位应当在有较大危险因素的生产场所和有关设施、设备上,设置明显的安全警示标志。

(14)施工单位对于岩溶、采空区、滑坡、危岩落石、岩堆、富水断层、浅埋偏压、有害气体、高地应力、深厚软土、膨胀岩土、高寒冻土等重大不良地质和特殊岩土地段,必须进行地质勘察和施工地质工作,编制地质风险因素控制方案及专项施工方案并按规定进行论证审查后组织实施。

(15)施工单位对于深水、高墩、大跨桥梁的沉井围堰、支撑模板体系、起重吊装、高空作业等,必须加强施工安全风险管理。制运架施工机具、设备必须办理使用登记,并按规定使用、维护、保养,非制式工装必须进行安全检算,操作人员必须经培训合格后上岗。

(16)同一施工场所内有两个及以上单位同时作业时,须签订安全生产管理协议,明确各自职责,并采取有效的安全措施。

(17)复杂地质条件下的大型临时设施工程和营地等其他风险工程必须按规定做好安全风险评估,做好安全风险防范。对易燃易爆物品库等危险性较大场所,应封闭管理并设置安全警示标志。

(18)施工单位采购、租赁的安全防护用具、机械设备、施工机具及配件,应当具有生产(制造)许可证、产品合格证,并在进入施工现场前进行查验。施工现场的安全防护用具、机械设备、施工机具及配件必须由专人管理,定期进行检查、维修和保养,建立相应的资料档案,并按照国家有关规定及时报废。

(19)特种设备生产、经营、使用单位及其主要负责人对其生产、经营、使用的特种设备的安全负责。特种设备生产、经营、使用单位应当按照国家有关规定配备特种设备安全管理人员、检测人员和作业人员,并对其进行必要的安全教育和技能培训。特种设备使用单位应当建立特种设备安全技术档案。涉及生命安全、危险性较大的特种设备应取得安全使用证,方可投入使用。

(20)施工单位应当将施工现场的办公、生活区与作业区分开设置,并保持安全距离;办公、生活区的选址应当符合安全性要求。职工的膳食、饮水、休息场所等应当符合卫生标准。施工单位不得在尚未竣工的建筑物内设置员工集体宿舍。施工现场临时搭建的建筑物应当符合安全使用要求。施工现场使用的装配式活动房屋应当具有产品合格证。

(21)在铁路线路及其邻近区域进行铁路建设工程施工,应当执行铁路营业线施工安全管理规定。铁路建设单位应当会同相关铁路运输企业和工程设计、施工单位制订安全施工方案,按照方案进行施工。施工完毕应当及时清理现场,不得影响铁路运营安全。

(22)施工单位应建立健全与建筑业相适应的社会保险参保缴费方式,按有关规定参加工伤保险。

6. 环水保管理

(1)施工单位应当制订具体的施工扬尘污染防治实施方案。

(2)国家依照法律规定实行排污许可管理制度。铁路建设工程项目应按照国家有关规定缴纳排污费。

(3)铁路建设工程按照设计文件的要求进行污水处理;不得利用渗井、渗坑、裂隙、溶洞排放污水。施工单位应制订具体的施工扬尘污染防治实施方案。

(4)房屋建筑、河道施工等工程应向负责监督管理扬尘污染防治的主管部门备案。

(5)建筑土方、工程渣土、建筑垃圾应及时清运且应采用密闭式防尘网遮盖。

(6)施工组织设计应按现行《爆破安全规程》(GB 6722)的要求,对邻近振动敏感建筑物的爆破作业进行振动控制。

(7)隧道工程施工可能造成地下水漏失,对地表生态环境、居民生产生活用水产生严重影响时,应根据超前地质预报结果采取水资源保护和水污染防治措施。

(8)铁路临时工程水土流失防治应符合下列规定:大型临时工程场地周边应设置排水沟,并应在其下游出水口处设置沉淀池;裸露地表和临时堆放渣土应有临时覆盖措施;场地应采取土地整治、坡面防护和绿化措施进行恢复利用。占用耕地的应进行复耕。

(9)铁路施工营地、施工场地、制(存)梁场、轨道板预制场、混凝土拌和站以及其他大型临时工程产生的污水应进行处理。

(10)施工单位应当遵守有关环境保护法律、法规的规定,在施工现场采取措施防止或者减少粉尘、废气、废水、固体废物、噪声、振动和施工照明对人与环境的危害、污染。

7. 验收管理

(1)检验批、分项工程、分部工程、单位工程的观感质量应符合要求,质量控制资料必须完整,实体质量和主要功能应符合相关标准、规范规定和设计要求,工程达到上述条件才能通过验收。

(2)铁路建设项目通过竣工验收后,方可正式移交接管使用单位运营。未经验收或验收不合格的建设项目一律不得交付,接管使用单位不得接管使用。

8. 劳动用工管理

(1)施工总承包单位应当按照有关规定开设农民工工资专用账户,专项用于支付该工程建设项目农民工工资。开设、使用农民工工资专用账户有关资料应当由施工总承包单位妥善保存备查。

(2)施工总承包单位或者分包单位应当依法与所招用的农民工订立劳动合同并进行用工实名登记,具备条件的行业应当通过相应的管理服务信息平台进行用工实名登记、管理。未与施工总承包单位或者分包单位订立劳动合同并进行用工实名登记的人员,不得进入项目现场施工。

(3)施工总承包单位应当在工程项目部配备劳资专管员,对分包单位劳动用工实施监督管理,掌握施工现场用工、考勤、工资支付等情况,审核分包单位编制的农民工工资支付表,分包单位应当予以配合。

(4)施工总承包单位、分包单位应当建立用工管理台账,并保存至工程完工且工资全部结清后至少3年。

(5)分包单位对所招用农民工的实名制管理和工资支付负直接责任。施工总承包单位对分包单位劳动用工和工资发放等情况进行监督。分包单位拖欠农民工工资的,由施工总承包单位先行清偿,再依法进行追偿。

(6)工程建设领域推行分包单位农民工工资委托施工总承包单位代发制度。施工总承包单位根据分包单位编制的工资支付表,通过农民工工资专用账户直接将工资支付到农民工本人的银行账户,并向分包单位提供代发工资凭证。用于支付农民工工资的银行账户所绑定的农民工本人社会保障卡或者银行卡,用人单位或者其他人员不得以任何理由扣押或者变相扣押。

(7)施工总承包单位应当按照有关规定存储工资保证金,专项用于支付为所承包工程提供劳动的农民工被拖欠的工资。

(8)施工总承包单位应当在施工现场醒目位置设立维权信息告示牌。

三、监督检查事项

施工单位主体责任监督检查项点主要有检查环节、检查内容和方法、检查依据、常见问题或情形、定性、处理依据和处理措施,具体内容详见表4-1~表4-8。

表 4-1

资质资格监督检查事项

序号	检查环节	检查内容和方法	检查依据	常见问题或情形	定性	处理依据	处理措施
1	单位资质	1. 查资质； 2. 查合同	B01 第二十条， B02 第二十五条	无资质	未取得资质证书承揽工程	B02 第六十条	予以取缔，处工程合同价款2%~4%的罚款；有违法所得的，予以没收
				资质不满足要求	超越本单位资质等级承揽工程	C02 第十二条	责令改正，处工程合同价款2%~4%的罚款，可以责令停业整顿，降低资质等级
				现场管理单位与合同承包单位不一致的	允许其他单位或者个人以本单位名义承揽工程	B02 第六十一条	责令改正，没收违法所得，处工程合同价款2%~4%的罚款
2	执业资格	查项目负责人的符合合同约定的相应执业资格证书	C06 第二十条	项目负责人未取得相应执业资格	未取得注册证书和执业印章，担任大中型建设项目工程施工单位项目负责人	C06 第三十五条	警告，责令停止违法活动，并可以处1万~3万元的罚款

续上表

序号	检查环节	检查内容和方法	检查依据	常见问题或情形	定性	处理依据	处理措施
3	转包	1. 查合同,查明总承包单位与实施单位是否一致; 2. 查分包合同,将分包合同与总包合同对照,确认是否以分包名义将项目肢解; 3. 查现场管理机构及人员隶属关系; 4. 查主要建筑材料及构配件的购买手续; 5. 查各种费用支付手续	B02 第二十五条	1. 施工单位将其承包的全部工程转给其他单位或个人施工的; 2. 施工总承包单位将其承包的全部工程肢解以后,以分包的名义分别转给其他单位或个人施工的; 3. 施工总承包单位未在施工现场设立项目管理机构或未派驻项目负责人、技术负责人、质量管理负责人、安全管理负责人等主要管理人员,不履行管理义务,未对该工程的施工活动进行组织管理的; 4. 施工总承包单位或专业承包单位不履行管理义务,只向实际施工单位收取费用	承包单位将承包的工程转包	B02 第六十二条	责令改正,没收违法所得,处工程合同价款0.5%~1%的罚款

续上表

序号	检查环节	检查内容和方法	检查依据	常见问题或情形	定性	处理依据	处理措施
4	违法分包	1. 查分包合同中是否有分包约定； 2. 查建设单位同意分包手续； 3. 查分包单位资质及安全生产许可证； 4. 查现场管理人员隶属关系； 5. 查主体工程施工单位； 6. 查劳务作业费、主要建筑材料款和大中型施工机械设备费等的支付	B02 第二十五条	1. 施工合同中没有约定，又未经建设单位认可，施工单位将其承包的部分工程交由其他单位施工的； 2. 施工单位将工程分包给个人或不具备相应资质或安全生产许可单位的； 3. 施工总承包单位将工程主体工程的施工分包给其他单位的，钢结构工程除外； 4. 专业分包单位将其承包的专业工程中非劳务作业部分再分包的； 5. 劳务分包单位除计取劳务作业费用外，还计取主要建筑材料款、周转材料款和大中型施工机械设备费用的	承包单位将承包的工程违法分包	B02 第六十二条	责令改正，没收违法所得，处工程合同价款0.5%~1%的罚款
		1. 查分包合同； 2. 查总承包单位对分包单位施工质量的管理记录	B02 第二十六条、第二十七条	分包合同未明确约定质量责任；总包单位没有对分包单位的质量管理记录或记录不全	—	—	责令改正

体系及制度建设监督检查事项

表 4-2

序号	检查环节	检查内容和方法	检查依据	常见问题或情形	定性	处理依据	处理措施
1	质量管理体系	1.查质量管理制度、机构；2.查岗位质量责任；3.查项目经理、技术负责人和施工管理负责人员配备、资格	B02 第二十六条	1.质量管理制度不健全；2.项目经理、技术负责人和施工管理负责人员未配备或不符合资格要求	质量管理体系不完善	—	责令改正
2	质量检验验收制度	1.查施工质量的检验制度；2.查质量管理工序制度；3.查隐蔽工程质量检查验收制度	B02 第三十条	1.检验制度不全没有执行；2.工序管理制度不全或没有执行；3.隐蔽工程检查制度不全或未按规定执行	质量检验验收制度不健全	—	责令改正
3	安全管理体系	1.查是否设立安全生产管理机构、配备专职安全管理人员；2.查专职安全管理人员配备数量，持证情况（对照《建筑施工企业安全生产管理机构设置及专职安全生产管理人员配备办法》）；3.查专职安全管理人员日常检查、事故隐患排查资料	B01 第二十三条	1.未设立安全管理机构；2.未配备专职安全管理人员	未按规定设置安全生产管理机构或配备安全生产管理人员	A04 第九十七条 B01 第六十二条	责令限期改正，可以处10万元以下的罚款；责令停业整顿，逾期未改正的，并处10万～20万元的罚款，对其直接负责的主管人员和其他直接责任人员处2万～5万元的罚款
				未建立并落实安全管理制度	—	—	责令改正

表 4-3

技术管理监督检查事项

序号	检查环节	检查内容和方法	检查依据	常见问题或情形	定性	处理依据	处理措施
1	技术交底	查技术交底制度、交底记录、交底单和双签记录	C01 第三十一条	未进行技术交底，技术交底流于形式	未进行技术交底，技术交底流于形式	—	责令改正
2	图纸会审	查设计总说明、参考图、工点施工图	B03 第二十八条， C10 第三十九条	发现施工现场与设计文件明显不符，设计存在缺陷或明显错误，不及时以书面形式通知设计、监理和建设管理单位	—	—	责令改正
3	内业资料	查施工记录、施工日志、检查验收资料	C10 第四十条	在工程施工中未准确填写各种检验表格；未真实填写施工记录和检查验收资料	—	—	责令改正
4	变更设计	查现场实施与变更设计文件	C16 第三十五条	1. 变更设计弄虚作假或未经批准擅自施工； 2. 未严格执行变更管理办法； 3. 变更提报严重滞后	—	C16 第四十条	依法追究责任

72

质量管理监督检查事项

表 4-4

序号	检查环节	检查内容和方法	检查依据	常见问题或情形	定性	处理依据	处理措施
1	按图施工	1.查工程实体；2.查现场实体检测	B02 第二十八条	实体外形尺寸与图纸不符	施工单位不按照工程设计图纸施工,偷工减料	B02 第六十四条	责令改正,处工程合同价款2%~4%的罚款
			B02 第二十九条	隐蔽工程与图纸不符			
			B05 第十三条	施工方案与设计不符			
		查进场检验记录	E02 第十条	检验记录不全；没有按规定批次进行抽检；质量不符合要求；缺少质量证明文件		—	责令改正
2	物质、材料和商品混凝土进场质量检验	1.查进场质量验收制度；2.查进场质量验收机构、人员、岗位职责和验收程序；3.查必要的检验检测设备配置情况	E02 第九条	未建立进场质量验收制度；未设置进场质量验收机构,进场质量验收制度全或未按规定执行；未配备必要的检验检测设备	未对建筑材料、建筑构配件、设备和商品混凝土进行检验	B02 第六十五条	责令改正,处10万~20万元的罚款;情节严重的,责令停业整顿,降低资质等级或者吊销资质证书,造成损失的,依法承担赔偿责任

续上表

序号	检查环节	检查内容和方法	检查依据	常见问题或情形	定性	处理依据	处理措施
3	见证检验	1. 查见证取样制度及过程记录； 2. 查检测机构资质	B02 第三十一条	1. 见证取样制度不全，缺乏记录或记录过程不规范； 2. 检测机构资质不符合规定	未对涉及结构安全的试块、试件以及有关材料取样检测	B02 第六十五条	责令改正，处10万～20万元的罚款
4	质量保修	查保修协议书	B02 第三十九条	1. 未签订保修协议书或保修协议不符合规定，履行保修义务； 2. 拖延履行保修义务	不履行保修义务；拖延履行保修义务	B02 第六十六条	责令改正，处10万～20万元的罚款

表 4-5

安全管理监督检查事项

序号	检查环节	检查内容和方法	检查依据	常见问题或情形	定性	处理依据	处理措施
1	安全生产责任制	1. 查岗位责任制； 2. 查操作规程； 3. 查规章制度； 4. 查安全检查记录	B01 第二十一条	1. 未落实安全生产责任制度、规章制度、操作规程； 2. 未确保安全生产费用有效使用； 3. 未制订安全施工措施； 4. 未消除安全事故隐患； 5. 未及时、如实报告生产安全事故	项目负责人未履行安全生产管理职责	B01 第六十六条	责令限期改正；逾期未改正的，责令施工单位停业整顿
			B01 第二十三条	1. 专职安全生产管理人员未对安全生产进行现场监督检查； 2. 发现安全事故隐患未及时向项目负责人和安全生产管理机构报告； 3. 未制止违章指挥、违章操作	安全生产管理责任不落实	—	责令改正

续上表

序号	检查环节	检查内容和方法	检查依据	常见问题或情形	定性	处理依据	处理措施
2	安全费用使用	1. 查使用计划； 2. 查投入情况； 3. 查专款专用	B01 第二十三条	由于安全费用不够，现场安全措施不足	安全费用使用不规范	—	责令限期改正
3	安全专项方案	1. 查安全措施和安全专项方案的编制； 2. 查专家评审； 3. 查审核审批（危险性较大的分部分项工程专项方案编制、施工单位技术负责人和总监理工程师签字）； 4. 查安全验算结果； 5. 查执行情况； 6. 查专职安全生产管理人员现场监督情况	B01 第二十六条、 E05 第一条、 C17 第十条~ 第十三条	未对岩溶、活动断裂、滑坡、泥石流、危岩落石、岩堆、富水断层、浅埋偏压、岩爆、有害气体、高地应力、深厚软土、膨胀岩土、岩溶变形、有害气体、放射性等严重不良地质和特殊岩土地段地质风险因素编制专项施工方案	未对危险性较大的分部分项工程编制专项施工方案	B01 第六十五条	责令限期改正；逾期未改正的，责令停业整顿，并处10万~30万元的罚款；情节严重的，降低资质等级，吊销资质证书

续上表

序号	检查环节	检查内容和方法	检查依据	常见问题或情形	定性	处理依据	处理措施
4	安全教育培训	1. 查培训计划； 2. 查培训内容； 3. 查培训记录； 4. 查考核资料	B01 第三十六条、 B01 第三十七条	1. 管理人员未经教育培训或考核不合格上岗即作业； 2. 作业人员进入新岗位、新环境，采用新技术，未经教育培训或考核不合格即上岗作业； 3. 教育培训或考核资料不全	未经培训或考核合格即从事相关工作	B01 第六十二条	责令限期改正；逾期未改正的，责令停业整顿，依照A04有关规定给予罚款
		1. 查如实告知有关的安全生产事项的记录； 2. 查从业人员、被派遣劳动者和实习人员的教育培训档案	A04 第二十八条	1. 未培训或培训无记录； 2. 培训记录不实	未按照规定对从业人员，被派遣劳动者、实习学生进行安全生产教育和培训，或者未按照规定如实告知有关的安全生产事项	A04 第九十七条	责令限期改正，可以处10万元以下的罚款；逾期未改正的，责令停业整顿，并处10万~20万元的罚款，对其直接负责的主管人员和其他直接责任人员处2万~5万元的罚款
					未如实记录安全生产教育和培训情况的	—	责令改正

续上表

序号	检查环节	检查内容和方法	检查依据	常见问题或情形	定性	处理依据	处理措施
5	安全技术交底	1. 查三级交底资料；2. 查交底单及签字记录；3. 查交底效果	B01 第二十七条，D01 第3.1.4条，第3.3.2条	未按规定组织重大方案的技术交底	施工前未对有关安全施工的技术要求作出详细说明	B01 第六十四条	责令限期改正；逾期未改正的，责令停业整顿，并处5万～10万元的罚款
6	安全生产管理协议	1. 查安全生产管理协议；2. 查专职安全生产管理人员检查记录；3. 查现场相应的安全措施	A04 第四十八条，D01 第1.0.12条	1. 施工场所有两个及以上单位同时作业时，可能危及对方安全生产的，未签订安全生产管理协议；2. 安全生产管理协议中未明确各方的管理职责；3. 施工单位未按照协议采取相应的安全措施	—	—	责令改正
7	特种作业人员	查建筑架子工、建筑电工、起重信号司索、起重机械司机、高处作业吊篮安装拆卸、起重机械安装拆卸、电工作业、焊接与热切割作业、高处作业人员资格证件	B01 第二十五条，A06 第十三条	1. 未经培训，未取得操作资格证书上岗作业；2. 资格证有效期过期	作业人员未经安全教育培训或者经考核不合格即从事相关工作	B01 第六十二条	责令限期改正；逾期未改正的，责令停业整顿，依照A04有关规定给予罚款
			A04 第三十条，A06 第十六条		特种作业人员未按照规定经专门的安全作业培训并取得相应资格即上岗作业	A04 第九十七条	责令限期改正，可以处10万元以下的罚款；逾期未改正的，责令停业整顿，并处10万～20万元的罚款，对其直接负责的主管人员和其他直接责任人员处2万～5万元的罚款

续上表

序号	检查环节	检查内容和方法	检查依据	常见问题或情形	定性	处理依据	处理措施
8	特种设备安全管理	查施工起重机械、锅炉、压力容器、压力管道、电梯、客运索道、场内专用机动车辆制造许可证、出厂合格证、监督检验证明、使用登记标志、安装、使用及维护保养说明、进厂验收单、定期检验检查记录、维护保养、运行故障和事故记录	A06 第三十五条、E05 第七条	1. 未按照规定办理使用登记；2. 未进行经常维护保养和定期自行检查，无维修保养记录；3. 未制订特种设备事故应急专项预案；4. 不具备资质安装拆卸	未按照规定办理使用登记；未进行经常性维护保养和定期自行检查，无维修保养记录；未制订特种设备事故应急专项预案；非制式工装未检算	A06 第八十三条 B01 第六十二条	责令限期改正；逾期未改正的，责令停止使用有关特种设备，处1万元以上10万元以下罚款
9	安全警示和消防安全	1. 查"五口四临边"警示标志；2. 查暂时停工时的现场防护及警示；3. 查动态风险源告知牌	B01 第二十八条	1. 未在施工现场危险部位设置明显的安全警示标志；2. 警示标志不符合规定	未在施工现场的危险部位设置明显的安全警示标志	B01 第六十二条	责令限期改正；逾期未整顿改正的，责令停业整顿，依照A04有关规定给予罚款

续上表

序号	检查环节	检查内容和方法	检查依据	常见问题或情形	定性	处理依据	处理措施
10	安全防护用品及服装	1. 查施工单位向作业人员提供安全防护用具（安全帽、带、网、绳等）和安全防护服装（工作服、背带裤、雨衣、防寒服等）的发放、签收相关资料； 2. 查告知危险岗位（易高处坠落、触电、物体打击、机械和起重伤害岗位）的操作规程和违章操作的危害的书面资料	B01 第三十二条、第三十四条	1. 未向作业人员提供安全防护用具和安全防护服装； 2. 未向作业人员书面告知操作规程和违章操作危害	安全制度落实不到位	B01 第六十二条	责令限期改正；逾期未改正的，责令停业整顿，依照 A04 有关规定给予罚款
11	施工安全用具、机械设备	1. 查安全防护用具、机械设备、施工机具及配件是否有生产（制造）许可证、产品合格证等相关证件及进场查验记录； 2. 查管理档案，及定期检查、维修和保养记录	B01 第三十四条	未经查验或查验不合格即投入使用	安全防护用具、机械设备、施工机具及配件在进入施工现场前未经查验或者查验不合格即投入使用	B01 第六十五条	责令限期改正；逾期未改正的，责令停业整顿，并处 10 万～30 万元的罚款；情节严重的，建议降低资质等级、吊销资质证书

80

续上表

序号	检查环节	检查内容和方法	检查依据	常见问题或情形	定性	处理依据	处理措施
12	营业线施工	1. 查管理组织机构及安全职责; 2. 查管理制度; 3. 查培训及上岗证; 4. 查风险清单及卡控措施; 5. 查专项施工方案; 6. 查安全协议; 7. 查施工要点、计划及审批(9个签章); 8. 查施工监督计划及审批(8个签章); 9. 查运行调度令和施工日计划调度令; 10. 查技术交底和安全交底; 11. 查施工过程安全防护(详见各专业篇)	B05 第十六条, C18 和 E25 相关条文	1. 未按施工等级设置营业线施工安全管理机构或配合协调小组岗位安全职责任务不清; 2. 管理制度不全或管理制度照抄照搬; 3. 施工单位负责营业线工程的项目经理、安全员、防护员、联络员、带班人员和施工班长未经过有关部门培训,未取得路局建设部(或委托项目管理机构)发放的上岗证; 4. 未组织对相关人员进行培训、考试、发证;未制订危险源辨识卡控措施; 5. 施工组织方案(施工方案、行车安全方案、人身安全方案、应急预案、防洪防汛方案)未编制或监理总监审批;高风险专项施工方案未经专家评审;	违反技术规定	B01 第六十二条、 第六十四条、 第六十五条	责令限期改正;逾期未改正的处以罚款等

续上表

序号	检查环节	检查内容和方法	检查依据	常见问题或情形	定性	处理依据	处理措施
12	营业线施工			6. 未与工务段、电务段、供电段、车务段签订安全协议； 7. 未经批准并纳入月度施工计划,擅自施工			
13	事故报告	1. 查事故上报时间； 2. 查事故报告内容	B06 第四十八条、 B06 第四十九条	1. 发生事故后未及时或如实向上级部门报告； 2. 事故上报内容不全	事故报告不及时、不准确	B06 第三十五条	处一年收入 40% ~ 80%的罚款
14	事故应急救援预案管理	1. 查生产安全事故应急救援预案； 2. 查应急救援组织的建立、应急救援人员的配备情况； 3. 查应急救援器材、设备的配备情况； 4. 查应急演练计划及落实记录	B01 第二十一条、 A04 第二十五条	1. 无生产安全事故应急救援预案； 2. 未配备相关应急救援人员和设备； 3. 未组织应急演练	未建立事故隐患排查治理制度	A04 第九十七条	责令限期改正,可以处10万元以下的罚款；逾期未改正的,责令停业整顿,并处 10 万~20 万元的罚款,对其直接负责的主管人员和其他直接责任人员处 2 万~5 万元的罚款

续上表

序号	检查环节	检查内容和方法	检查依据	常见问题或情形	定性	处理依据	处理措施
15	营地建设	1. 查办公、生活与作业区设置情况是否符合标准； 2. 查是否在未竣工的建筑物内设置员工集体宿舍； 3. 查施工现场临时搭建的建筑物是否符合安全使用要求； 4. 查装配式活动房屋是否有产品合格证； 5. 查职工的膳食、饮水、休息场所是否符合卫生标准	B01 第二十九条、 E05 第十条	办公生活与作业区未分开设置	违反 B01 第 29 条	—	责令改正
				卫生标准不符合规定			
				在未竣工的建筑物内设置员工集体宿舍	在尚未竣工的建筑物内设置员工集体宿舍	B01 第六十四条	责令限期改正；逾期未改正的，责令停业整顿，并处 5 万~10 万元的罚款；造成重大安全事故，构成犯罪的，对直接责任人员，依照刑法有关规定追究刑事责任
				现场搭建的建筑物不符合安全使用要求；活动房屋没有产品合格证	施工现场临时搭建的建筑物不符合安全使用要求		
		1. 查选址勘察和安全评估情况； 2. 查临时用房检查验收情况； 3. 查临时用房封闭管理和安全警示标志设置情况	D01 第 17.1.4 条、 第 17.3.1 条	1. 临时用房未进行选址勘察和安全评估，未避开塌方、落石、滑坡、危岩等地段； 2. 临时用房验收或验收不合格就投入使用； 3. 临时用房未进行封闭管理，安全警示标志设置不到位	—		责令改正

续上表

序号	检查环节	检查内容和方法	检查依据	常见问题或情形	定性	处理依据	处理措施
16	周边环境安全措施	1. 查是否对可能造成损害的毗邻建筑物、构筑物和地下管线等采取专项防护措施； 2. 查是否采取防止或减少粉尘、废气、废水、固体废物、噪声、振动和施工照明对人与环境危害和污染的措施； 3. 查是否在城市市区内的建设工程是否实行封闭围挡	B01 第三十条	无季节性或周边专项防护措施	未对因建设工程施工可能造成损害的毗邻建筑物、构筑物和地下管线等采取专项防护措施	B01 第六十四条	责令限期改正；逾期未改正的，责令停业整顿，并处5万～10万元的罚款
			B01 第三十条	在市区内施工未封闭围挡	在城市市区内的建设工程的施工现场未实行封闭围挡	—	责令改正
				措施落实不到位或不符合要求	违反B01第30条	—	责令改正
17	消防安全	1. 查消防安全责任制度、消防安全责任人及用火、用电、易燃易爆材料等消防安全管理制度和操作规程； 2. 现场检查消防通道、消防水源、消防设施及消防标志等火器材设置及消防标志明显	B01 第三十一条	未确定责任人	违反B01第31条	—	责令改正
				未制订消防安全管理制度和操作规程不落实			
				无消防通道，或消防设施缺失，或出入口处无明显标志	未按照国家有关规定在施工现场设置消防通道、消防水源、配备消防设施和灭火器材	B01 第六十二条	责令限期改正；逾期未整顿，责令停业整顿，依照A04有关规定罚款

续上表

序号	检查环节	检查内容和方法	检查依据	常见问题或情形	定性	处理依据	处理措施
18	免责协议	查劳动合同或相关协议中是否有免除或者减轻生产经营单位对从业人员因生产安全事故伤亡依法应承担的责任的条款	A04第五十二条	订立免责条款	生产经营单位与从业人员订立协议,免除或者减轻其对从业人员因生产安全事故伤亡依法应承担的责任的	A04第一百零六条	协议无效;对生产经营单位的主要负责人、个人经营的投资人处2万~10万元的罚款
19	配合检查	查生产经营单位是否拒绝、阻挠监督检查	A04第六十六条	拒绝、阻挠监督检查	生产经营单位拒绝、阻碍负有安全生产监督管理职责的部门依法实施监督检查	A04第一百零八条	责令改正;拒不改正的,处2万~20万元罚款;对其直接负责的主管人员和其他直接责任人员处1万~2万元的罚款

环水保管理监督检查事项

表4-6

序号	检查环节	检查内容和方法	检查依据	常见问题或情形	定性	处理依据	处理措施
1	环水保手续	查环水保手续的办理	—	环水保许可手续未办理	—	—	责令改正
2	弃渣场	查弃渣场	—	未进行弃渣场稳定性评估	—	—	责令改正
3	声屏障	查声屏障	B02第二十八条	未按施工图设计文件实施声屏障	未按图施工	B02第六十四条	责令改正
4	振动防治措施	查振动防治措施	D27第6.2.2条	1.实施性施工组织设计未对邻近振动敏感建筑物的影响提出减轻振动的措施; 2.未按设计要求的防治措施实施	未按图施工	—	责令改正

续上表

序号	检查环节	检查内容和方法	检查依据	常见问题或情形	定性	处理依据	处理措施
5	水源保护	查水源保护	D27 第4.1.4条、第4.3.6条	未按设计要求和超前地质预报结果采取水资源保护和水污染防治措施	未按图施工	B02 第六十四条	责令改正
6	绿化与景观	查绿化与景观	D27 第7.2.1条	未对铁路施工营地、梁场、拌和站和大型临时工程产生的污水进行处理	污水处理不到位	—	责令改正
			B02 第二十八条	未按设计要求进行绿化和景观施工	未按图施工	B02 第六十四条	责令改正
7	污水处理	查污水处理	A07 第四十三条 A07 第四十五条 D27 第7.1.4条	1.纳入排污许可管理的建设项目未按照国家有关规定缴纳排污费；2.未按照设计文件进行污水处理；3.利用渗井、渗坑、裂隙、溶洞排放污水	未取得排污许可证；无证排污；不按证排污	A07 第六十三条	责令改正；拒不执行的依法律予以处罚，由县级以上人民政府环境保护主管部门或者其他有关部门将案件移送公安机关

续上表

序号	检查环节	检查内容和方法	检查依据	常见问题或情形	定性	处理依据	处理措施
8	大气扬尘污染	1. 查扬尘污染防治实施方案； 2. 查向有关部门备案情况； 3. 查施工工地公示信息。	A09 第六十九条	1. 未制订具体的施工扬尘污染防治实施方案； 2. 房屋建筑、河道施工等工程未向负责监督管理扬尘污染防治的主管部门备案； 3. 未在施工工地设置硬质围挡，并采取覆盖、分段作业、择时施工、洒水抑尘、冲洗地面和车辆等有效防尘降尘措施； 4. 建筑土方、工程渣土、建筑垃圾未及时清运且未采用密闭式防尘网遮盖； 5. 未在施工工地公示扬尘污染防治措施、负责人、扬尘监督管理主管部门等信息	扬尘污染防治制度不健全	—	责令改正
			A09 第七十条	1. 运输垃圾、渣土、砂石、土方、灰浆等散装、流体物料的车辆未采取密闭或者其他措施防止物料遗撒造成扬尘污染； 2. 装卸物料未采取密闭或者喷淋等方式防治扬尘污染	扬尘污染防治制度不健全	—	责令改正

续上表

序号	检查环节	检查内容和方法	检查依据	常见问题或情形	定性	处理依据	处理措施
9	野生动物保护	查野生动物保护措施	A10 第二十一条	猎捕、杀害国家重点保护野生动物	违反野生动物保护法	A10 第四十五条	没收猎获物、猎捕工具和违法所得，吊销特许猎捕证，并处猎获物价值2倍以上10倍以下的罚款；没有猎获物的，并处1万元以上至5万元以下的罚款；构成犯罪的，依法追究刑事责任
			A10 第二十七条	出售、购买、利用国家重点保护野生动物及其制品		A10 第四十八条	没收野生动物及其制品和违法所得，并处野生动物及其制品2倍以上10倍以下的罚款，吊销许可证，情节严重的，撤销批准文件，收回专用标识；构成犯罪的，依法追究刑事责任

第四章 ◇ 施工单位主体责任

验收管理监督检查事项

表4-7

序号	检查环节	检查内容和方法	检查依据	常见问题情形	定性	处理依据	处理措施
1	竣工验收	1. 查静态验收、动态验收及初步验收程序执行情况； 2. 查实体质量及竣工验收资料； 3. 查竣工验收问题及整改情况	E03 第七条~第九条	1. 不具备静态验收的条件； 2. 静态验收存在的问题未彻底整改完成； 3. 备品备件未按设计文件要求配置到位； 4. 竣工文件未达到档案验收标准的要求	验收不合格	—	责令改正
		查竣工验收报告	E20 第四条	1. 未竣工验收即投入运营； 2. 竣工验收不合格即投入运营	未组织竣工验收或验收不合格，擅自交付使用	—	责令改正

劳务用工管理监督检查事项

表4-8

序号	检查环节	检查内容和方法	检查依据	常见问题情形	定性	处理依据	处理措施
1	农民工工资支付	1. 查分包合同、工程款计量周期、工程款进度结算办法； 2. 查农民工工资支付表、工资发放凭证； 3. 查劳动合同及用工管理台账； 4. 查劳资专管员配置情况	B07 第二十五条、第二十八条、第三十条、第三十一条	1. 以实物、有价证券等形式代替货币支付农民工工资； 2. 未编制工资支付台账并依法保存，或者未向农民工提供工资清单； 3. 扣押或者变相扣押用于支付农民工工资的银行账户所绑定的农民工本人社会保障卡或者银行卡	未按工资支付周期和具体支付日期足额支付农民工工资	B07 第五十四条	责令限期改正；逾期不改正的，对单位处2万元以上5万元以下的罚款，对法定代表人或者主要负责人、直接负责的主管人员和其他直接责任人员处1万元以上3万元以下的罚款

89

续上表

序号	检查环节	检查内容和方法	检查依据	常见问题或情形	定性	处理依据	处理措施
2	农民工工资专用账户和工资保证金	1. 查农民工工资专用账户开设或者使用情况； 2. 查工资保证金存储情况； 3. 查劳动用工实名制管理情况	B07 第二十六条、第二十八条、第三十二条	1. 未按规定开设或者使用农民工工资专用账户； 2. 未按规定存储工资保证金或者未提供金融机构保函； 3. 未实行劳动用工实名制管理	未按规定开设或者使用农民工工资专用账户	B07 第五十五条	责令限期改正；逾期不改正的，责令项目停工，并处5万元以上10万元以下的罚款；情节严重的，给予施工单位限制承接新工程，降低资质等级、吊销资质证书等处罚
3	劳动用工监督管理	1. 查农民工工资支付表、工资发放凭证； 2. 查劳动合同及用工管理台账； 3. 查劳动用工实名制管理情况； 4. 查施工现场维权告示牌设立情况	B07 第三十条、第三十四条	1. 未按月考核农民工工作量，编制工资支付表并经农民工本人签字确认； 2. 未对分包单位劳动用工实施监督管理； 3. 未配合总包单位对其劳动用工进行监督管理； 4. 未实行施工现场维权信息公示制度	施工总承包单位未对分包单位劳动用工实施监督管理	B07 第五十六条	责令限期改正；逾期不改正的，处5万元以上10万元以下的罚款

第五章
检测单位主体责任

一、主要检查内容

检测单位主体责任监督检查重点事项包括资质资格、勘察管理、设计管理、配合施工现场管理、环水保管理及验收管理。

二、主体责任清单

1. 资质资格

（1）检验检测机构应当在资质认定证书规定的检验检测能力范围内，依据相关标准或者技术规范规定的程序和要求，出具检验检测数据、结果。

（2）需要分包检验检测项目的，检验检测机构应当分包给具备相应条件和能力的检验检测机构，并事先取得委托人对分包的检验检测项目以及拟承担分包项目的检验检测机构的同意。检验检测机构应当在检验检测报告中注明分包的检验检测项目以及承担分包项目的检验检测机构。

（3）检验检测机构的技术负责人应具有中级及以上专业技术职称或同等能力，全面负责技术运作；质量负责人应确保管理体系得到实施和保持；应指定关键管理人员的代理人。

2. 检测成果

（1）检验检测机构应准确、清晰、明确、客观地出具检验检测结果，符合检验检测方法的规定，并确保检验检测结果的有效性。

（2）检验检测机构不得出具有下列情形的不实检验检测报告：

①样品的采集、标识、分发、流转、制备、保存、处置不符合标准等规定，存在样品污染、混淆、损毁、性状异常改变等情形的。

②使用未经检定或者校准的仪器、设备、设施的。

③违反国家强制性规定的有关检验检测规程或者方法的。

④未按照标准等规定传输、保存原始数据和报告的。

（3）检验检测机构不得出具有下列情形的虚假检验检测报告：

①样品未经检验检测的。

②伪造、变造原始数据、记录，或者未按照标准等规定采用原始数据、记录的。

③减少、遗漏或者变更标准等规定的应当检验检测的项目，或者改变关键检验检测条件的。

④调换检验检测样品或者改变其原有状态进行检验检测的。

⑤伪造检验检测机构公章或者检验检测专用章，或者伪造授权签字人签名或者签发时间的。

三、监督检查事项

检测单位主体责任监督检查项点主要有检查环节、检查内容和方法、检查依据、常见问题或情形、定性、处理依据和处理措施，具体内容详见表5-1。

资质资格及检测成果监督检查事项

表 5-1

序号	检查环节	检查内容和方法	检查依据	常见问题或情形	定性	处理依据	处理措施
1	检测单位资质	查计量认证资质	D28 第十九条	计量认证资质所涵盖的检测参数不满足项目需求	检测单位未取得资质证书承揽工程	E04 第七条	严重失信行为
2	转包或违法分包	1. 查合同、中标通知书；2. 查总包分包合同及委托方同意分包手续；3. 查分包单位资质	D29 第十条	1. 分包单位不具有相关资质；2. 无委托方同意批准手续	检测单位未取得资质证书承揽工程	E04 第七条	严重失信行为
3	人员配置	1. 查组织机构；2. 查人员资格	D30 第4.2.3条	1. 检测单位技术负责人不具备中级以上的专业技术职称或授权签字人超出其技术能力范围签发报告；2. 检测人员未经考核、无相关参数授权，未取得相应资质	检测单位未取得资质证书承揽工程	E04 第七条	严重失信行为

续上表

序号	检查环节	检查内容和方法	检查依据	常见问题或情形	定性	处理依据	处理措施
4	管理体系	检测报告	D30 第4.5.20条	1. 无客户名称、联系信息； 2. 检验检测机构未作出"未经本机构批准，不得复制报告"的声明	检测单位质量管理体系不完善	—	责令改正
			D29 第十条	分包检测参数时未经委托人同意，检测报告中未注明分包检测单位			
5	检测成果真实性	1. 查仪器设备； 2. 查检测、监测、试验数据	D29 第十三条、第十四条	1. 仪器设备使用前未经校准或检定； 2. 出具的报告与实际数据不符，检测行为违反强制性检验检测规程或方法	出具不实、虚假检测报告	E04 第七条	严重失信行为

附 录
铁路建设工程监督检查常用的法律、法规、规章、制度、标准和规范

A. 法律

A01 《中华人民共和国建筑法》(1997年11月1日第八届全国人民代表大会常务委员会第二十八次会议通过；根据2011年4月22日第十一届全国人民代表大会常务委员会第二十次会议《关于修改〈中华人民共和国建筑法〉的决定》第一次修正；根据2019年4月23日第十三届全国人民代表大会常务委员会第十次会议《关于修改〈中华人民共和国建筑法〉等八部法律的决定》第二次修正)

A02 《中华人民共和国招标投标法》(1999年8月30日第九届全国人民代表大会常务委员会第十一次会议通过；根据2017年12月27日第十二届全国人民代表大会常务委员会第三十一次会议《关于修改〈中华人民共和国招标投标法〉、〈中华人民共和国计量法〉的决定》修正)

A03 《中华人民共和国民法典》(2020年5月28日第十三届全国人民代表大会第三次会议通过)

A04 《中华人民共和国安全生产法》(2002年6月29日第九届全国人民代表大会常务委员会第二十八次会议通过；根据2009年8月27日第十一届全国人民代表大会常务委员会第十次会议《关于修改部分法律的决定》第一次修正；根据2014年8月31日第十二届全国人民代表大会常务委员会第十次会议《关于修改〈中华人民共和国安全生产法〉的决定》第二次修正；根据2021年6月10日第十三届全国人民代表大会常务委员会第二十九次会议《关于修改〈中华人民共和国安全生产法〉的决定》第三次修正)

A05 《中华人民共和国铁路法》(1990年9月7日第七届全国人民代表大会常务委员会第十五次会议通过；根据2009年8月27日第十一届全国人民代表大会常务委员会第十次会议《关于修改部分法律的决定》第一次修正；根据2015年4月

24日第十二届全国人民代表大会常务委员会第十四次会议《关于修改〈中华人民共和国义务教育法〉等五部法律的决定》第二次修正)

A06 《中华人民共和国特种设备安全法》(2013年6月29日第十二届全国人民代表大会常务委员会第三次会议通过)

A07 《中华人民共和国环境保护法》(1989年12月26日第七届全国人民代表大会常务委员会第十一次会议通过;2014年4月24日第十二届全国人民代表大会常务委员会第八次会议修订)

A08 《中华人民共和国环境影响评价法》(2002年10月28日第九届全国人民代表大会常务委员会第三十次会议通过;根据2016年7月2日第十二届全国人民代表大会常务委员会第二十一次会议《关于修改〈中华人民共和国节约能源法〉等六部法律的决定》第一次修正;根据2018年12月29日第十三届全国人民代表大会常务委员会第七次会议《关于修改〈中华人民共和国劳动法〉等七部法律的决定》第二次修正)

A09 《中华人民共和国大气污染防治法》(1987年9月5日第六届全国人民代表大会常务委员会第二十二次会议通过;根据1995年8月29日第八届全国人民代表大会常务委员会第十五次会议《关于修改〈中华人民共和国大气污染防治法〉的决定》第一次修正;2000年4月29日第九届全国人民代表大会常务委员会第十五次会议第一次修订;2015年8月29日第十二届全国人民代表大会常务委员会第十六次会议第二次修订;根据2018年10月26日第十三届全国人民代表大会常务委员会第六次会议《关于修改〈中华人民共和国野生动物保护法〉等十五部法律的决定》第二次修正)

A10 《中华人民共和国野生动物保护法》(1988年11月8日第七届全国人民代表大会常务委员会第四次会议通过;根据2004年8月28日第十届全国人民代表大会常务委员会第十一次会议《关于修改〈中华人民共和国野生动物保护法〉的决定》第一次修正;根据2009年8月27日第十一届全国人民代表大会常务委员会第十次会议《关于修改部分法律的决定》第二次修正;2016年7月2日第十二届全国人民代表大会常务委员会第二十一次会议修订;根据2018年10月26日第十三届全国人民代表大会常务委员会第六次会议《关于修改〈中华人民共和国野生动物保护法〉等十五部法律的决定》第三次修正)

B. 行政法规

B01 《建设工程安全生产管理条例》(2003年11月12日国务院第28次常务会议通

过,2003年国务院令第393号公布)

B02 《建设工程质量管理条例》(2000年1月30日国务院令第279号公布;根据2017年10月7日《国务院关于修改部分行政法规的决定》第一次修订;根据2019年4月23日《国务院关于修改部分行政法规的决定》第二次修订)

B03 《建设工程勘察设计管理条例》(2000年9月25日国务院令第293号公布;根据2015年6月12日《国务院关于修改〈建设工程勘察设计管理条例〉的决定》第一次修订;根据2017年10月7日《国务院关于修改部分行政法规的决定》第二次修订)

B04 《中华人民共和国招标投标法实施条例》(2011年12月20日国务院令第613号公布;根据2017年3月1日《国务院关于修改和废止部分行政法规的决定》第一次修订;根据2018年3月19日《国务院关于修改和废止部分行政法规的决定》第二次修订;根据2019年3月2日《国务院关于修改部分行政法规的决定》第三次修订)

B05 《铁路安全管理条例》(2013年7月24日国务院第18次常务会议通过,2013年8月17日国务院令第639号公布)

B06 《生产安全事故报告和调查处理条例》(2007年3月28日国务院第172次常务会议通过,2007年4月9日国务院令第493号公布)

B07 《保障农民工工资支付条例》(2019年12月4日国务院第73次常务会议通过,2019年国务院令第724号公布)

B08 《建设项目环境保护管理条例》(1998年11月29日国务院令第253号公布;根据2017年7月16日《国务院关于修改〈建设项目环境保护管理条例〉的决定》修订)

B09 《国家突发环境事件应急预案》(国办函〔2014〕119号)

B10 《民用爆炸物品安全管理条例》(2006年5月10日国务院令第466号公布;根据2014年7月29日《国务院关于修改部分行政法规的决定》修订)

C. 部门规章

C01 《铁路建设工程质量监督管理规定》(2015年3月12日交通运输部公布;根据2021年12月23日交通运输部《关于修改〈铁路建设工程质量监督管理规定〉的决定》修正)

C02 《违反〈铁路安全管理条例〉行政处罚实施办法》(2013年12月24日交通运输部令第22号公布;根据2021年11月19日交通运输部《关于修改〈违反《铁路安全

管理条例〉行政处罚实施办法〉的决定》修正)

C03 《建设工程勘察设计资质管理规定》(2007年6月26日建设部令第160号公布;根据2016年9月13日住房和城乡建设部令第32号修改)

C04 《建筑业企业资质管理规定》(2015年1月22日住房和城乡建设部令第22号公布;根据2018年12月22日住房和城乡建设部令第45号修改)

C05 《工程监理企业资质管理规定》(2007年6月26日建设部令第158号公布;2015年5月4日住房和城乡建设部令第24号第一次修改;根据2016年10月20日住房和城乡建设部令第32号第二次修改;根据2018年12月22日住房和城乡建设部令第45号第三次修改)

C06 《注册建造师管理规定》(2006年12月28日建设部令第153号公布;根据2016年9月13日住房和城乡建设部令第32号修改)

C07 《注册监理工程师管理规定》(2006年1月26日建设部令第147号公布;根据2016年9月13日住房和城乡建设部令第32号修改)

C08 《工程建设项目施工招标投标办法》(2003年3月8日国家计委、建设部、铁道部、交通部、信息产业部、水利部、民航总局令第30号公布;根据2013年3月11日国家发展改革委、工业和信息化部、财政部、住房城乡建设部、交通运输部、铁道部、水利部、广电总局、民航局令第23号修订)

C09 《工程建设项目货物招标投标办法》(2005年1月18日国家发展改革委、建设部、铁道部、交通部、信息产业部、水利部、中国民用航空总局令第27号公布;根据2013年3月11日国家发改委、工业和信息化部、财政部、住房和城乡建设部、交通运输部、铁道部、水利部、广电总局、民航局令第23号修改)

C10 《铁路建设管理办法》(2003年7月31日铁道部令第11号公布)

C11 《铁路建设工程勘察设计管理办法》(2006年1月4日铁道部令第26号公布)

C12 《勘察设计注册工程师管理规定》(2005年2月4日建设部令第137号公布;根据2016年9月13日住房和城乡建设部令第32号修改)

C13 《建设工程勘察质量管理办法》(2002年12月4日建设部令第115号公布;根据2007年11月22日建设部令第163号第一次修改;根据2021年4月1日住房和城乡建设部令第53号第二次修改)

C14 《建设项目竣工环境保护验收暂行办法》(国环规环评〔2017〕4号)

C15 《人力资源社会保障部 交通运输部 水利部 能源局 铁路局 民航局关于铁路、公路、水运、水利、能源、机场工程建设项目参加工伤保险工作的通知》(人社部发〔2018〕3号)

C16 《铁路建设项目变更设计管理办法》(铁建设〔2012〕253号)

C17 《危险性较大的分部分项工程安全管理规定》(2018年3月8日住房和城乡建设部令第37号公布)

C18 《铁路营业线施工安全管理办法》(国铁运输监〔2021〕31号)

C19 《关于进一步加强隧道工程安全管理的指导意见》(安委办〔2023〕2号)

C20 《国家铁路局关于铁路工程投资估算预估算设计概(预)算执行〈企业安全生产费用提取和使用管理办法〉有关问题的通知》(国铁科法〔2023〕7号)

D. 规范性文件

D01 《铁路工程基本作业施工安全技术规程》(TB 10301—2020)

D02 《铁路路基工程施工安全技术规程》(TB 10302—2020)

D03 《铁路桥涵工程施工安全技术规程》(TB 10303—2020)

D04 《铁路隧道工程施工安全技术规程》(TB 10304—2020)

D05 《铁路轨道工程施工安全技术规程》(TB 10305—2020)

D06 《铁路通信、信号、信息工程施工安全技术规程》(TB 10307—2020)

D07 《铁路电力、电力牵引供电工程施工安全技术规程》(TB 10308—2020)

D08 《铁路轨道工程施工质量验收标准》(TB 10413—2018)

D09 《铁路路基工程施工质量验收标准》(TB 10414—2018)

D10 《铁路桥涵工程施工质量验收标准》(TB 10415—2018)

D11 《铁路隧道工程施工质量验收标准》(TB 10417—2018)

D12 《铁路通信工程施工质量验收标准》(TB 10418—2018)

D13 《铁路信号工程施工质量验收标准》(TB 10419—2018)

D14 《铁路电力工程施工质量验收标准》(TB 10420—2018)

D15 《铁路电力牵引供电工程施工质量验收标准》(TB 10421—2018)

D16 《铁路混凝土工程施工质量验收标准》(TB 10424—2018)

D17 《高速铁路路基工程施工质量验收标准》(TB 10751—2018)

D18 《高速铁路桥涵工程施工质量验收标准》(TB 10752—2018)

D19 《高速铁路隧道工程施工质量验收标准》(TB 10753—2018)

D20 《高速铁路轨道工程施工质量验收标准》(TB 10754—2018)

D21 《高速铁路通信工程施工质量验收标准》(TB 10755—2018)

D22 《高速铁路信号工程施工质量验收标准》(TB 10756—2018)

D23 《高速铁路电力工程施工质量验收标准》(TB 10757—2018)

D24 《高速铁路电力牵引供电工程施工质量验收标准》(TB 10758—2018)

D25 《铁路建设工程监理规范》(TB 10402—2019)

D26 《铁路声屏障工程设计规范》(TB 10505—2019)

D27 《铁路工程环境保护设计规范》(TB 10501—2016)

D28 《检验检测机构资质认定管理办法》(2021年6月1日国家市场监督管理总局令第38号公布)

D29 《检验检测机构监督管理办法》(2021年4月8日国家市场监督管理总局令第39号公布)

D30 《检验检测机构资质认定能力评价 检验检测机构通用要求》(RB/T 214—2017)

D31 《混凝土结构工程施工质量验收规范》(GB 50204—2015)

D32 《建筑地基基础工程施工质量验收规范》(GB 50202—2018)

D33 《建筑基坑支护技术规程》(JGJ 120—2012)

D34 《钢结构工程施工质量验收标准》(GB 50205—2020)

D35 《屋面工程质量验收规范》(GB 50207—2012)

D36 《建筑装饰装修工程质量验收标准》(GB 50210—2018)

D37 《砌体结构工程施工质量验收规范》(GB 50203—2011)

E. 其他

E01 《铁路工程建设市场秩序监管暂行办法》(国铁工程监〔2016〕3号)

E02 《铁路建设工程材料构件设备产品进场质量验收监督管理办法》(国铁工程监〔2017〕65号)

E03 《铁路工程建设项目竣工验收监管指导意见》(国铁工程监〔2020〕28号)

E04 《铁路工程建设失信行为认定记录公布管理办法》(国铁工程监〔2018〕76号)

E05 《复杂地质条件下铁路建设安全风险防范若干措施》(国铁工程监〔2017〕82号)

E06 《关于进一步开放铁路建设市场的通知》(建市〔2004〕234号)

E07 《关于继续开放铁路建设市场的通知》(建市〔2006〕87号)

E08 《工程勘察资质标准》(建市〔2013〕9号)

E09 《工程设计资质标准》(建市〔2007〕86号)

E10 《建筑业企业资质标准》(建市〔2014〕159号)

E11 《施工总承包企业特级资质标准》(建市〔2007〕72号)

E12 《建筑业企业资质管理规定和资质标准实施意见》(建市〔2015〕20号)

E13 《工程监理企业资质标准》（建市〔2007〕131号）

E14 《工程监理企业资质管理规定实施意见》（建市〔2007〕190号）

E15 《注册建造师执业管理办法(试行)》（建市〔2008〕48号）

E16 《注册建造师执业工程规模标准(试行)》（建市〔2007〕171号）

E17 《铁路建设工程招标投标监管暂行办法》（国铁工程监〔2016〕8号）

E18 《建筑工程施工发包与承包违法行为认定查处管理办法》（建市规〔2019〕1号）

E19 《高速铁路竣工验收办法》（铁建设〔2012〕107号）

E20 《铁路建设项目竣工验收交接办法》（铁建设〔2008〕23号）

E21 《国务院办公厅关于清理规范工程建设领域保证金的通知》（国办发〔2016〕49号）

E22 《国务院办公厅关于全面治理拖欠农民工工资问题的意见》（国办发〔2016〕1号）

E23 《建设工程质量保证金管理办法》（建质〔2017〕138号）

E24 《铁路营业线施工安全管理办法》（国铁运输监〔2021〕31号）

E25 《广铁集团铁路营业线施工安全管理实施细则》（广铁运发〔2012〕310号发布；根据2015年广铁运发〔2015〕2号修改）

E26 《广东省实施〈中华人民共和国招标投标法〉办法》（2003年4月2日广东省第十届人民代表大会常务委员会第二次会议通过；2018年11月29日广东省第十三届人民代表大会常务委员会第七次会议修订）

注：上述法律法规、规章、标准、管理办法等文件如有修订、更新，以最新版为准。